高中物理教学的理论与实践研究

闫大龙 ◎ 著

中国出版集团

中译出版社

图书在版编目（CIP）数据

高中物理教学的理论与实践研究 / 闫大龙著. -- 北京：中译出版社, 2024.5
ISBN 978-7-5001-7901-6

Ⅰ.①高… Ⅱ.①闫… Ⅲ.①中学物理课—教学研究—高中 Ⅳ.①G633.72

中国国家版本馆CIP数据核字(2024)第101263号

高中物理教学的理论与实践研究

GAOZHONG WULI JIAOXUE DE LILUN YU SHIJIAN YANJIU

出版发行 / 中译出版社
地　　址 / 北京市西城区新街口外大街28号普天德胜大厦主楼4层
电　　话 /（010）68359827, 68359303（发行部）；68359287（编辑部）
邮　　编 / 100044
传　　真 /（010）68357870
电子邮箱 / book@ctph.com.cn
网　　址 / http://www.ctph.com.cn

策划编辑 / 于建军
责任编辑 / 于建军
封面设计 / 蓝　博

排　　版 / 雅　琪
印　　刷 / 廊坊市文峰档案印务有限公司
经　　销 / 新华书店

规　　格 / 710毫米×1000毫米　　1/16
印　　张 / 12.75
字　　数 / 210千字
版　　次 / 2025年5月第1版
印　　次 / 2025年5月第1次

ISBN 978-7-5001-7901-6　　　　　　　　**定价：88.00元**

前　言

在当今快速变化的教育环境中，高中物理教育扮演着至关重要的角色。物理学作为一门基础学科，不仅培养学生的科学素养，更是引导他们理解自然规律、解决实际问题的关键。然而，随着社会的发展和教育理念的更新，传统的物理教学模式已经不再适应培养学生全面发展的需要。因此，本书旨在深入探讨高中物理教学的核心问题，构建新的理论框架，并将其应用于实际教学中，以期提高教学质量，促进学生的全面发展。

首先，本书从物理教学的理论基础出发，追溯物理教育的发展历程，分析传统教育观念与现代教育理念的融合，构建具体化的理论框架。在此基础上，我们探讨了高中物理课程设计的原则与内容体系构建，旨在明确教学目标、提供连贯性的教学内容、为教师提供指导和参考。

其次，本书关注高中物理教学方法与评价策略，探讨了如何激发学生的学习兴趣，引导他们进行探究与实践，并选择多样化的评价策略，以促进学生的学习效果和能力培养。同时，我们还研究了教师角色的变革与专业能力的培养，以及学生学习主体地位的确立和创新思维能力的培养，旨在提升教师的教学水平、培养学生的综合素质。

最后，本书还探讨了实验教学与实践活动的开展，以及技术手段在物理教学中的应用，包括多媒体技术、虚拟实验与模拟技术、移动设备与在线资源的利用，旨在丰富教学手段、提高教学效果。

总之，本书力求为高中物理教师提供理论指导和实践参考，促进高中物理教育的发展，提高教学质量，培养学生的综合素质，为构建创新型国家做出贡献。

希望本书能够成为高中物理教育领域的一本权威之作，受到广大教师和学者的关注和认可。

在撰写本书的过程中，作者参考和借鉴了一些学者和专家的观点及论著，在此向他们表示感谢。由于作者水平和时间所限，书中难免有疏漏之处，敬请各位读者批评指正。

作者

2024 年 3 月

目 录

第一章　导论

第一节　研究背景和意义

一、教育环境的变化与物理教学的挑战

随着社会的持续发展和科技的不断进步，教育环境也随之发生了深刻的变化，这对物理教学提出了新的挑战。第一，随着计算机技术和互联网的普及，传统的纸质教材正在逐渐被电子教材所取代。学生们可以通过互联网获取丰富的学习资源，如视频教程、在线模拟实验和电子教科书等。这种技术的普及给物理教学带来了新的要求，教师需要更加熟悉并灵活运用现代教育技术，充分利用电子资源来激发学生的学习兴趣，提高教学效果。

第二，学生的学习方式和习惯呈现出多样化的趋势。每个学生都有着自己独特的学习方式和学习习惯，因此，教师需要更加灵活地运用不同的教学方法来满足学生的多样化需求。除了传统的讲授和课堂互动外，教师还应积极探索并引入更多的教学手段，如小组合作学习、问题解决式学习、案例分析和项目实践等，以激发学生的学习兴趣，提高他们的学习积极性和参与度。

第三，随着跨学科教学的兴起，物理学科与其他学科的整合已成为一种趋势。教师需要不仅仅关注物理知识的传授，还要注重将物理知识与其他学科相结合，培养学生的综合素养和跨学科思维能力。例如，物理与数学、化学、地理等学科的交叉融合，可以帮助学生更好地理解物理知识，并将其应用于实际问题的解决中。因此，如何有效地进行跨学科整合，提高学科综合素养成为物理教学面临的新挑战。

随着教育环境的变化，传统的物理教学模式面临着诸多挑战，但也蕴藏

着丰富的发展机遇。教师需要不断更新教学理念和方法，不断探索适应时代需求的教学模式，以更好地引导学生掌握物理知识，培养他们的综合素养和创新能力。

二、物理教学的重要性与现实需求

高中物理作为一门基础学科，不仅对学生的科学素养和思维能力的培养至关重要，还是学生未来的学业发展和职业规划的基础。因此，加强高中物理教学，提高教学质量具有重要的现实意义。

（一）提升科学素养

高中物理作为自然科学的重要组成部分，不仅涵盖了丰富的自然规律和科学原理，还通过对物质、能量和运动等基本概念的学习，培养学生的科学思维能力和科学素养。通过学习物理，学生能够深入理解自然界的运行规律，掌握科学方法和科学技能，培养出观察、实验、分析和推理的能力。这种科学素养不仅有助于学生理解和解释身边的现象，还能够帮助他们在未来的学习和工作中更好地应用科学知识，做出理性的决策。

（二）发展创新能力

物理学习注重实验探究和解决问题的能力培养。通过解决各种物理问题和探索未知现象，学生能够锻炼自己的观察、分析、推理和创新能力。在物理实验中，学生不仅可以通过自己的实践探索来验证理论知识，还能够培养出勇于探索、善于发现问题和解决问题的能力。这种创新能力不仅对于学生个人的发展至关重要，对于社会的进步和发展也起着重要的推动作用。

（三）适应社会发展需求

随着社会的科技进步和产业结构的转型，对于具备物理知识和技能的人才需求日益增加。掌握物理知识和技能的人才不仅在科研领域具有重要地位，还在工程技术、医学、环境保护等各个领域发挥着重要作用。因此，加强物理教育对于培养适应社会需求的人才具有重要意义。通过高中物理教育，学生不仅可以掌握基本的物理知识和技能，还能够培养扎实的科学素养、良好的创新能力和解决问题的能力，为未来的学业发展和职业规划打下坚实的基础。

第二节　研究目的和问题陈述

一、研究目的概述

本书旨在深入研究高中物理教学的方式与方法，以提升教学的质量和效果。通过理论和实践相结合的方式，我们将全面审视当前高中物理教学的现状，包括教学内容、教学方法和教学资源等方面的情况，深入分析存在的问题和挑战。其中，诸如学生学习兴趣不高、教学内容脱离实际、评价方式单一等问题，将成为我们研究的重点。接下来，我们将探讨新的教学理念和方法，以提高物理教学的针对性和有效性。通过引入现代教育理念和先进的教学技术手段，如问题解决式学习、探究式学习、信息技术等，我们将尝试探索更具启发性和趣味性的教学方式，旨在激发学生的学习兴趣，促进他们自主学习和创新思维能力的培养。最后，本书将致力于培养学生的创新思维和实践能力，促进他们全面发展。通过设计具有挑战性和探索性的教学任务和项目，如实验研究、科学竞赛和社会实践等，鼓励学生积极参与，培养他们解决实际问题的能力和创新意识，从而提高他们的综合素质和竞争力。

二、研究中的核心问题

（一）如何有效整合现代教育技术，提升物理教学的效率和趣味性

随着科技的迅速发展，现代教育技术如多媒体教学、虚拟实验和在线资源等已经成为提升教学效果的重要工具。我们将探讨如何充分利用这些技术手段，使物理教学更加生动有趣，激发学生的学习兴趣和参与度。同时，我们也将研究如何避免技术应用的盲目性，确保教学内容与技术手段的有效整合，以提高教学效果。

（二）如何针对学生的学习特点和需求，设计更加灵活多样的教学方案

学生的学习特点和需求各不相同，因此，我们需要针对不同学生的学习风格和水平，设计更具个性化和差异化的教学方案。我们将研究如何灵活运用不同的教学方法和策略，如合作学习、问题解决、探究式学习等，以满足学生的

多样化需求，促进他们的全面发展。

（三）如何培养学生的实验探究能力和问题解决能力，促进科学素养的全面提升

实验探究是物理学习中至关重要的一环，可以帮助学生加深对物理概念的理解，培养实验设计和数据分析的能力。我们将探讨如何设计具有挑战性和探索性的实验任务，引导学生动手实践、积极探究，从而提高他们的实验探究能力和问题解决能力。同时，我们也将关注如何在解决问题的过程中培养学生的批判性思维和创新意识，促进科学素养的全面提升。

通过对这些核心问题的深入研究和探讨，我们将为高中物理教学的改革和提升提供理论支撑和实践指导，推动教育教学的不断创新与发展。

第三节 研究范围和方法论

一、研究范围界定

本书以高中物理教学的方式与方法为主要研究对象，涵盖课堂教学、实验教学、作业设计等方面。在课堂教学方面，我们将关注教学内容的组织和呈现方式，教师与学生之间的互动方式，以及如何引入新的教学技术和方法以提升教学效果。在实验教学方面，我们将探讨实验设计的合理性与实施方法，以及如何充分发挥实验教学在学生学习中的作用。此外，我们还将关注作业设计的科学性与有效性，旨在巩固学生的学习成果，激发他们的学习兴趣。在研究过程中，我们也将充分考虑教学过程中的现实挑战和问题，如学生学习兴趣不高、教学资源匮乏等，力求提出可行的解决方案。

二、方法选择与理论框架

为了实现研究目的并解决核心问题，本书采用以下方法和理论框架：

（一）定性与定量相结合的研究方法

本书采用定性与定量相结合的研究方法，全面了解当前高中物理教学的现状和存在的问题，并为后续提出改进方案提供可靠依据。首先，我们将进行文献综述，通过系统梳理相关文献资料，深入了解国内外高中物理教学的发展历程、现状和趋势，从中总结教学中的常见问题和挑战。其次，我们将进行案例分析，选择代表性的高中物理教学案例，深入挖掘其中的教学特点、成功经验和问题症结，以加深对教学实践的理解。接着，我们将采用问卷调查的方式收集教师和学生的意见和反馈，了解他们对于当前教学模式和方法的认知和评价，以及对于教学改进的期望和建议。通过定性分析和定量统计，我们将全面了解不同参与者的看法和态度，并从中发现共性和差异，为后续提出的改进方案提供客观依据。最后，我们将综合分析定性和定量研究的结果，从理论和实践两个层面出发，提出可行的改进措施和教学策略，以推动高中物理教学的不断发展和优化。通过这种研究方法的综合运用，我们旨在提高研究的可信度和实用性，为高中物理教学的改进和提升做出贡献。

（二）理论与实践相结合的研究视角

本书从理论与实践相结合的研究视角，综合运用教育学、心理学、教育技术学等相关理论，深入分析高中物理教学中的关键问题，并以实践经验为基础，提出可行的教学策略和方法。首先，我们将从教育学的角度出发，探讨教学目标的设定、课程设计的原则、教学方法的选择等方面的理论基础，以明确物理教学的核心任务和方法论。其次，我们将借鉴心理学的相关理论，深入分析学生学习的心理过程和特点，探讨如何有效激发学生的学习兴趣、提高学习动机、促进认知能力的发展等方面的教学策略。同时，我们还将结合教育技术学的理论，探讨现代教育技术在物理教学中的应用，如多媒体教学、虚拟实验、在线资源等，以提升教学的效率和趣味性。在研究的实践过程中，我们将深入到实际的教学场景中，通过观察、访谈、实地调研等方式，收集教师和学生的反馈意见和建议，从中发现问题所在，进一步完善理论框架，并提出具体可行的教学改进措施。通过理论与实践相结合的研究视角，我们旨在深入剖析高中物理教学中的关键问题，为教学改革和提升提供科学依据和实践支持，促进教育教学的持续发展和进步。

（三）案例分析与教学实践

通过案例分析与教学实践，我们可以深入探讨不同教学方式和方法的有效性，并从成功的实践中总结经验和教训。例如，在一个高中物理教学案例中，一位教师采用了探究式学习的方法，组织学生进行了一个关于力学的实验项目。在这个项目中，学生被要求设计一个简易的滑轮装置，用以研究不同物体在斜面上的滑动特性。通过这个案例的分析，我们可以发现探究式学习可以激发学生的探究兴趣和学习动机，使他们更加积极主动地参与到教学活动中。同时，学生在实践中不仅可以理解力学原理，还可以培养实验设计和数据分析的能力。然而，案例分析也揭示了一些问题，比如在实施探究式学习过程中，教师需要花费更多的时间和精力来指导和引导学生，而且可能存在实验条件不足、学生合作能力不足等问题。因此，通过对这些案例的深入分析，我们可以更好地理解不同教学方式和方法的优劣势，为教学实践提供借鉴和启示。同时，我们也可以根据学生的实际需求和特点，探索适合不同学生群体的教学方式和方法，以提高教学的针对性和有效性。通过案例分析与教学实践相结合的研究方法，我们可以更深入地理解教学过程中的复杂性和多样性，为教学改革和提升提供有益的经验和启示。

（四）专家访谈与教师反馈

通过专家访谈与教师反馈，我们可以获取丰富的信息和见解，从而更全面地了解物理教学方式与方法的实际情况和教师的需求。首先，与物理教育领域的专家学者进行访谈可以获得他们的学术观点和研究成果，深入了解当前物理教育领域的最新发展趋势和理论动态。专家学者们通常具有丰富的教学经验和深刻的理论见解，他们的意见和建议对于指导我们的研究方向和提出改进方案具有重要的参考价值。他们可以就物理教学的有效性、教学方法的选择、学生学习特点等方面，为我们提供理论上的支持和指导。另外，收集教师的实际反馈也是非常重要的。教师在教学实践中直接面对学生，深知学生的学习情况和需求，因此他们的反馈能够直接反映出教学过程中的问题和挑战。通过与教师进行深入交流和座谈，我们可以了解他们在教学中所遇到的困惑、难点和需求，从而更好地把握研究方向，提出针对性的解决方案。此外，教师还可以分享他们的教学经验和成功案例，为我们提供宝贵的实践经验和启示。通过专家访谈与教师反馈相结合的研究方法，我们可以充分借鉴理论和实践的经验，为推动物理教学的改进和提升提供更有力的支持和指导。

（五）教学实验与效果评估

教学实验与效果评估是研究物理教学方式与方法的重要环节，通过设计实验来验证提出的教学策略和方法的有效性，并通过学生学习成绩、学习兴趣、学习动机等方面的评估来检验教学效果。首先，设计教学实验需要考虑到教学目标的明确性和实验的可操作性。在确定实验内容和方法时，应该根据教学目标和学生的实际情况进行合理选择，并确保实验设计具有科学性和可重复性。其次，教学实验的开展需要充分利用教学资源，如实验室设备、教材资料等，为学生提供良好的实验环境和支持。同时，教师还应该在实验过程中引导学生进行思考和讨论，激发他们的学习兴趣和探究欲望。在实验结束后，需要对学生的学习成绩进行评估，包括考试成绩、作业完成情况等，以了解他们对所学知识的掌握程度和理解深度。此外，还可以通过对学生的学习兴趣的调查和学习动机的分析来评估教学效果，以了解学生对物理学习的态度和参与程度。综合分析实验结果和评估数据，可以及时发现教学中存在的问题和不足之处，进一步完善教学策略和方法，提高教学效果。通过教学实验与效果评估，可以不断改进和优化物理教学，为学生提供更加高效、丰富和有趣的学习体验，促进学生全面发展和素质提升。

第二章 高中物理教学的理论基础

第一节 物理教学的理论发展历程

一、经典物理教学理论

（一）教学观念和方法的传承

1. 传统教学观念的延续

经典物理教学理论的延续源于传统的教育观念，将教师视为知识的传授者和权威人物。这一观念的根基可以追溯到古代的教育思想，强调教师在课堂中的主导地位和教学内容的权威性。在这种传统的教学观念下，教师被认为是学生学习的榜样和引导者，教师的言传身教对学生的影响至关重要。

在经典物理教学理论中，教师被赋予了教学的主导权和教育的责任。教师的地位高于学生，所传授的知识被认为是权威和正确的。教师通常以讲述和演示为主要的教学方式，通过讲解物理概念和规律来传授知识。学生则被动地接受教师的灌输，通过听讲和记忆来获取知识。

这种传统的教学观念强调了教师的专业性和权威性，认为教师应该具有丰富的知识和教学经验，能够准确地传授物理知识并引导学生。教师被视为学生学习道路上的指路人，言行举止对学生的行为和思想产生着深远的影响。因此，教师的角色不仅是知识的传授者，更是学生品德和态度的塑造者。

2. 教学方法的传统化

在经典物理教学理论中，教学方法呈现出较为传统化的特点。教学内容通常按照教科书的章节顺序组织，强调知识的系统性和逻辑性。这种组织方式使得教学过程更加有序和条理清晰，便于学生理解和掌握物理知识的内容和结构。

同时，教师在教学中注重对物理概念和规律的讲解，通过逻辑严谨的思维和清晰的语言表达，向学生传授物理知识和原理。

教师主要采用讲述和演示为主要的教学方式。讲述是教师向学生介绍和解释物理知识的过程，通过语言文字的表达，向学生传达物理概念和规律。演示则是通过实验、示范和图示等方式，向学生展示物理现象和原理，帮助学生直观地理解和感受物理规律。这种教学方法注重教师的言传身教，通过直接的教学活动向学生传授知识，帮助他们建立起对物理世界的认识和理解。

（二）学生的被动接受和记忆

1. 学生缺乏积极性和主动性

在经典物理教学理论中，学生往往处于被动接受的状态，缺乏积极性和主动性。这一现象主要源于教学模式的设定和教师在课堂上的角色定位。教师往往扮演着知识的传授者和权威人物的角色，而学生则被动地接受教师的灌输和指导。在这种教学模式下，学生的思维活动相对较少，主要以听讲和记忆为主要的学习方式。

第一，教师在课堂上拥有较大的话语权。他们通常以讲述和解释为主要的教学方式，通过一方面的灌输，向学生传授物理知识和规律。这种教学方式使得学生在课堂上处于被动的接受状态，缺乏表达的机会。因此，学生的思维活动受到限制，难以充分发挥主动性和积极性。

第二，学生主要以听讲和记忆为主要的学习方式。由于教师在课堂上的话语权较大，学生往往习惯于被动接受教师的灌输和指导，而缺乏真正的思考和探究。他们可能会将注意力集中在教师的讲解上，而忽视了对知识的深入理解和实践应用。因此，学生的学习方式相对较为单一，难以培养独立思考和问题解决能力。

总的来说，在经典物理教学理论中，学生的积极性和主动性受到一定程度的制约。他们往往处于被动接受的状态，缺乏独立思考和探究的机会。因此，为了促进学生的全面发展和素质提升，教师需要不断地探索和改进教学方法，注重引导学生积极参与学习，激发其学习兴趣和学习动力。

2. 教学内容缺乏趣味性和生动性

在经典物理教学理论中，教学内容的呈现方式通常比较单一，缺乏趣味性和生动性，这给学生的学习体验带来了一定的挑战。教师主要采用讲述和演示的方式向学生传授知识，而教学内容往往过于抽象和理论化，难以引起学生的兴趣和激发学习动力。

首先，教学内容的组织方式相对单一。在经典物理教学中，教师通常按照教科书的章节顺序组织教学内容，依次讲解各个物理概念和规律。这种线性的组织方式使得教学内容显得比较死板，难以激发学生的学习兴趣。学生会觉得教学内容缺乏新意和创意，导致学习过程显得单调乏味。

其次，教学内容过于抽象和理论化。在经典物理教学中，教师往往将物理概念和规律进行抽象化和理论化的讲解，以便让学生更好地理解和掌握知识。然而，这种方式可能使得教学内容与学生的实际生活脱节，难以引起学生的共鸣和兴趣。学生会觉得教学内容与自己的日常经验相去甚远，导致学习的主动性和积极性受到一定程度的影响。

因此，为了提高教学内容的趣味性和生动性，教师需要不断地探索和创新教学方法，注重教学内容的多样化和个性化。可以通过引入案例分析、实践探究、教学游戏等方式，使教学内容更加贴近学生的实际生活和兴趣爱好，激发其学习的兴趣和动力。

二、现代物理教学理论的兴起

（一）强调学生主体地位和学习的主动性

1. 教学观念的转变

现代物理教学理论的兴起标志着教学观念的重大转变，这一变革对教育实践产生了深远的影响。传统教学观念将教师视为知识的传授者和权威，而学生则被动接受和消化所传授的知识。然而，随着社会的不断发展和教育理论的不断完善，人们开始意识到传统教学观念的局限性，逐渐转向注重学生主体地位和学习主动性的现代教育理念。

第一，现代物理教学理论强调学生的主体地位。教育者开始意识到每个学生都是独特的个体，具有不同的学习风格、兴趣爱好和学习需求。因此，教学过程应该以学生为中心，充分尊重和关注学生的个性发展，将学生置于学习的核心位置。教师不再是单方面的知识传授者，而是学习的引导者和促进者，致力于满足学生的学习需求，激发其学习兴趣和潜能。

第二，现代物理教学理论强调学习过程的主动性。教育者开始意识到学生在学习过程中应该扮演更为积极主动的角色，主动参与学习和探究。因此，教学过程应该注重培养学生的自主学习能力和问题解决能力，激发其主动探索和发现知识的愿望。教师通过设计启发性问题和开放性任务，引导学生积极思考和合作探究，培养其批判性思维和创新能力。

2.强调学习过程的主动性

在现代物理教学理论中，学习过程的主动性被视为教学的核心理念之一，其重要性在于激发学生的自主学习动力和促进其全面发展。教师不再仅仅是知识的传授者，更应该是学习的引导者和促进者，为学生创造一个积极主动的学习环境。

第一，现代物理教学理论强调激发学生的好奇心和求知欲。教师应该通过引入生动有趣的教学案例、提出引人入胜的问题等方式，唤起学生对物理知识的兴趣和探索欲望。例如，可以通过展示实际生活中的物理现象、讲解与学生生活密切相关的物理概念等方式，激发学生的好奇心，引导其积极思考和探究。

第二，教师应该引导学生自主探索和发现知识。现代物理教学理论倡导以学生为中心的教学模式，强调学生在学习过程中的主动参与和合作探究。因此，教师应该为学生提供丰富多样的学习资源和学习机会，鼓励他们根据自己的兴趣和需求选择学习内容，并通过实验、讨论、探究等方式，主动探索和发现知识。

第三，教师应该培养学生的独立思考和自主学习的能力。现代物理教学理论注重培养学生的批判性思维和创新能力，要求他们能够独立思考和解决问题。因此，教师在教学过程中应该给予学生足够的自主空间和自主权，鼓励他们提出问题、探索答案，并对所学知识进行深入思考和反思。

（二）培养探究式学习和解决问题的能力

1.引导学生探究式学习

在现代物理教学中，引导学生进行探究式学习被认为是一种高效的教学方法，旨在培养学生的自主学习能力和问题解决能力。这种教学方法强调学生通过自主探索和实践活动来主动地构建知识，从而更深入地理解物理概念和规律。教师在这个过程中扮演着引导者的角色，通过设计启发性问题和开放性实验，引导学生积极参与学习，并激发他们的探究精神。

探究式学习的核心在于激发学生的好奇心和求知欲。教师可以通过提出引人入胜的问题，引发学生的思考和探究欲望。这些问题可以是真实的物理问题，也可以是与学生生活息息相关的情境问题，能够引起学生的兴趣和好奇心，激发其主动探索的欲望。

在进行探究式学习时，教师还可以设计一些开放性实验，让学生通过实际操作和观察来获取知识。这些实验可以是简单的观察实验，也可以是复杂的设计实验，能够让学生亲身体验物理现象，加深对知识的理解。通过实验，学生不仅可以获得知识，还能培养实验设计和数据分析的能力，提高其问题解决能力和科学素养。

在探究式学习的过程中，教师应该给予学生足够的自主空间和自主权，鼓励他们根据自己的兴趣和需求选择学习内容，并探索自己感兴趣的问题。同时，教师也要及时给予学生必要的指导和支持，确保他们能够顺利地进行学习活动，并取得理想的学习效果。

2. 培养学生的创新思维

在现代物理教学中，培养学生的创新思维和创造性能力被视为是至关重要的教育目标之一。教师在教学中扮演着重要的角色，通过激发学生的想象力和创造力，引导他们提出新问题、寻找新方法，并鼓励他们勇于尝试和探索，从而培养其创新意识和创新能力。

第一，激发学生的想象力和创造力是培养创新思维的重要途径之一。教师可以通过引入一些富有启发性的教学案例或者引人入胜的物理现象，引发学生的兴趣和好奇心，激发他们对问题的思考和探索欲望。例如，教师可以提出一些挑战性的问题，让学生思考如何用物理知识解决现实生活中的问题，或者设计一些创意性的实验，让学生动手实践，培养其动手能力和创造性思维。

第二，引导学生勇于尝试和探索是培养创新能力的关键。教师应该给予学生足够的自主空间和自主权，鼓励他们大胆地提出自己的想法和猜想，并尝试用不同的方法来解决问题。在这个过程中，教师可以充当引导者的角色，给予学生必要的指导和支持，帮助他们克服困难，发现问题的本质，并找到解决问题的有效途径。

第三，教师应该注重对学生创新行为的及时认可和鼓励，激发他们的学习热情和自信心。无论学生的尝试是否成功，教师都应该给予肯定和鼓励，让他们感受到自己的价值和成就，从而激发其持续探索和创新的动力。

（三）培养学生综合素养和核心素质

1. 关注学生的全面发展

在现代物理教学中，学生的全面发展是教育的根本目标之一。现代物理教学理论强调不仅要注重学科知识的传授，更要关注学生的思维能力、情感态度和社会责任感等方面的发展，以培养学生的全面素养和核心素质。

第一，教师在教学中应该注重培养学生的思维能力。物理学作为一门科学，既强调理性思维又注重创造性思维。因此，教师应该通过设计启发性问题和开放性实验，引导学生运用逻辑思维和创造性思维来解决问题，培养其批判性思维和创新能力。

第二，教师还应该关注学生的情感态度和价值观。在物理学习过程中，教师可以通过讨论物理现象背后的道德和伦理问题，引导学生思考科学与社会、科学与人文的关系，培养其正确的价值观和社会责任感，提高其社会参与能力和综合素养。

第三，教师还应该关注学生的社会适应能力和人际交往能力。在物理教学中，教师可以通过小组合作学习、项目实践等方式，培养学生的团队合作精神和沟通能力，提高其社会适应能力和人际交往能力，为其未来的社会生活和职业发展打下坚实的基础。

2. 提供个性化的学习支持

现代物理教学理论的一个重要特点是个性化教学，这种教学方法注重根据学生的个体差异和学习需求提供定制化的学习支持和指导。在这种教学模式下，教师不再采取一刀切的授课方式，而是根据每位学生的学习特点和需求，量身定制学习计划，为其提供个性化的学习体验和支持。

第一，个性化教学强调了教师对学生的全面了解。教师需要通过观察、沟通和评估等方式，全面了解学生的学习风格、学习习惯、兴趣爱好、学习动机以及学习障碍等方面的情况，为个性化教学提供有效的数据支持。

第二，个性化教学注重教学内容和教学方法的灵活性。教师根据学生的学习特点和需求，选择适合他们的教学内容和教学方法，包括教材选择、课堂设计、教学活动安排等方面，以确保教学的有效性和学习的积极性。

第三，个性化教学还包括个性化的学习评价和反馈。教师需要根据学生的实际表现，提供及时有效的反馈和指导，帮助他们发现和弥补学习中的不足，进而调整学习策略，提高学习效果。

第四，个性化教学还包括个性化的学习支持和辅导。教师可以为学生提供额外的学习资源和辅导机会，如个别辅导、小组辅导、课外学习任务等，以满足学生个体差异的学习需求，帮助他们充分发挥潜力，实现个人学习目标。

第二节　传统教育观念与现代教育理念的融合

一、传统教育观念的影响与局限

（一）教师为中心

1. 教师主导教学过程

（1）教学内容的确定与组织

在传统教育观念下，教师通常负责确定和组织教学内容。他们依据教材内容和课程标准，安排教学进度和内容的讲解顺序。教师往往按照自己的教学计划和经验，将课程内容进行划分和组织，学生则被动接受按照既定顺序呈现的知识点。

（2）教学方法的选择和应用

教师在传统教育观念下往往是教学方法的决策者。他们根据自己的教学经验和教学目标，选择并应用相应的教学方法，如讲授、演示、板书等。教师主导课堂教学的方式和节奏，学生在教师的指导下被动接受和参与。

（3）学习活动的安排与管理

教师负责安排和管理学习活动，包括课堂练习、作业布置、实验操作等。他们根据教学内容的难易程度和学生的学习情况，设计相应的学习任务和活动，并对学生的学习过程进行监督和指导。

2. 教师权威化

（1）教师的权威地位

在传统教育观念下，教师享有较高的权威地位，被视为学生的权威和榜样。他们拥有对课堂的绝对控制权，学生对教师的话语持尊重态度，往往不敢轻易提出质疑或反对意见。

（2）学生对教师的依赖

由于教师的权威地位，学生往往对教师产生一种依赖心理。他们习惯于接受教师的指导和建议，很少主动思考和独立解决问题。在课堂上，学生往往被动地接受教师的灌输，缺乏自主性和主动性。

（3）教师对学生的影响

教师在传统教育观念下具有重要的导向作用。他们的言传身教对学生的认知、态度和价值观产生深远的影响。学生往往以教师的行为和言论为榜样，形成自己的学习态度和行为习惯。

（二）以考试为导向

1. 强调应试技巧

（1）考试内容为主导

在传统教育观念下，学校课程设置往往以应试考试内容为主导，教学内容和学习重点紧密围绕着考试大纲和试题要求展开。因此，学生在备考过程中主要关注的是如何掌握考试所需的知识点和解题技巧，而不是深入理解知识内涵和培养技能。

（2）应试技巧的培养

学生在传统教育观念下往往更加注重应试技巧的培养。他们倾向于通过刷题、背诵、做模拟试卷等方式来提高应对考试的效率和准确率，而忽视了对知识的深层次理解和批判性思维能力的培养。

（3）考试成绩的评价

在传统教育观念中，学生的学习成绩往往被作为评价学生学业成就的唯一标准。因此，学生和教师都对考试成绩非常重视，认为成绩的高低直接关系到学生的学习成果和未来发展。这种评价导向使得学生更加关注如何应对考试，而忽视了对知识的真正理解和应用能力的培养。

2. 评价成绩导向

（1）学校排名的影响

传统教育观念下，学校的声誉和排名往往与学生的考试成绩密切相关。因此，学校和教育机构往往更注重提高学校的整体成绩水平，而忽视了对个体学生的发展和成长的关注。这种评价导向使得学校过度追求应试成绩的提高，而忽视了对学生综合素质和个性发展的培养。

（2）教育资源分配的倾向

考试成绩的重要性也影响了教育资源的分配。在传统教育观念下，学校和教育机构往往倾向于向成绩优秀的学生提供更多的优质教育资源和学习机会，而忽视了对成绩一般或成绩较差学生的支持和帮助。这种不均衡的资源分配会进一步加剧教育不公平的问题。

（3）学生价值观的影响

传统教育观念下，学生对成绩的追求往往会影响其价值观和人生目标的形成。学生更倾向于追求名利和功利，而忽视了对知识的热爱和对社会责任的担当。这种评价导向会影响学生的终身发展和社会贡献。

（三）注重知识传授

1.讲授为主

（1）教师主导的教学模式

在传统的教育观念下，教师通常扮演着知识的传授者和权威人物的角色。课堂上，教师往往占据主导地位，通过讲解和演示的方式向学生传授知识。教师所掌握的知识和信息被视为权威和准确的，学生则被动地接受教师的灌输。

（2）学生的被动接受

在这种教学模式下，学生往往是被动的接受者。他们主要以听讲和接受信息为主要的学习方式，缺乏积极的思考和参与。课堂上，学生往往只是接受教师的传授，而缺乏对知识的深入思考和质疑。

（3）学生参与度不高

由于教师在教学过程中扮演着主导者的角色，学生的参与度往往不高。课堂上，学生的互动机会有限，很少有机会表达自己的观点或提出问题。这种单向传授的教学模式限制了学生的自主性和主动性，影响了他们的学习效果和兴趣。

2.理论为主

（1）知识的理论化

在传统的教育观念下，教学内容主要以理论知识为主。课堂上，教师注重对知识点的讲解和归纳，强调理论的抽象性和逻辑性。教师通常通过教科书或讲义来传授理论知识，学生则被要求记忆和理解这些理论知识。

（2）实际应用的缺失

传统教育观念中，教学往往忽视了知识在实际应用中的意义和价值。学生虽然能够掌握理论知识，但往往缺乏将这些知识运用到实际生活中的能力。课堂上缺乏与实际情境相关的案例分析和问题解决，使得学生对知识的理解程度受到限制。

（3）学生的应试倾向

由于教学内容主要以理论知识为主，学生往往更注重应试和考试成绩。他们倾向于将精力集中在理论知识的记忆和理解上，而忽视了对知识实际运用和应用能力的培养。这种应试倾向使得学生的学习目的趋向功利化，影响了他们的综合素质和创新能力的培养。

二、现代教育理念在物理教学中的应用

（一）个性化教育

1. 了解学生特点

（1）深入调查学生个性化信息

为了实施个性化教育，教师需要深入调查学生个性化信息。这包括了解学生的学习特点、兴趣爱好、学习习惯、学习动机等方面的信息。教师可以通过定期发放学生个性化调查问卷、学习风格测试和能力评估等方式，收集学生个性化信息。

（2）学习特点分析

收集到的学生个性化信息需要进行综合分析，以全面了解学生的学习特点。这包括学生的学习风格是倾向于视觉、听觉还是动手操作，学生对不同类型的教学内容的接受程度，以及学生的学习动机和学习目标等方面的分析。

（3）学生需求识别

在了解学生的学习特点的基础上，教师需要识别学生的学习需求。这包括对学生在学习过程中可能遇到的困难和挑战进行识别，以及对学生可能感兴趣的学习内容和领域进行了解。通过识别学生的学习需求，教师可以为学生量身定制个性化的学习计划和教学活动。

2.设计个性化学习计划

（1）根据学生特点设置学习任务

基于对学生个性化信息的了解，教师可以根据学生的学习特点和需求设置不同的学习任务和项目。例如，针对喜欢图像化学习的学生，可以设计视觉化的学习任务和项目；而对喜欢听觉学习的学生，可以提供音频资源或讲座。

（2）多样化学习资源和教材选择

个性化教育需要教师提供多样化的学习资源和教材选择。教师可以根据学生的兴趣爱好和学习需求，选择适合的教学材料和资源，包括文字资料、图片、视频、实验器材等，以丰富学生的学习体验。

（3）制定个性化学习目标和评价标准

个性化教育需要根据学生的学习特点和需求制定个性化的学习目标和评价标准。教师可以与学生共同制定学习目标，并明确评价标准，以便学生了解自己的学习进展和成果。

3.实施个性化教学活动

（1）多样化教学方法和策略

在课堂教学中，教师可以采用多样化的教学方法和策略，以满足不同学生的学习需求和水平。例如，可以采用小组讨论、问题解决、案例分析等活动，激发学生的学习兴趣和参与度。

（2）针对不同学生设置个性化教学活动

针对学生的不同学习需求和兴趣爱好，教师可以设置个性化的教学活动。例如，对对理论学习感兴趣的学生可以设计深入探讨和思考的问题，而对实践操作更感兴趣的学生可以设置实验和实践活动，以促进学生的深层次学习。

（3）提供个性化的学习支持和指导

在教学过程中，教师需要及时为学生提供个性化的学习支持和指导。教师可以根据学生的学习表现和需求，为学生提供有针对性的辅导和建议，帮助学生克服学习困难，提高学习效果。

4.提供个性化的反馈和指导

（1）及时反馈学生学习表现

教师需要及时为学生提供个性化的学习反馈，以帮助学生了解自己的学习表现和进步情况。通过定期的作业批改、测验评估等方式，教师可以给学生提供个性化的学习反馈，指导学生进行学习调整和提高。

（2）针对性的指导和建议

教师可以根据学生的学习表现和需求，为学生提供有针对性的指导和建议。这包括为学生提供个性化的学习建议和学习策略，帮助他们解决学习中遇到的问题和困难。教师可以与学生进行一对一的交流和辅导，针对学生的学习需求和兴趣，提供个性化的学习资源和参考资料，以帮助他们更好地理解和掌握学习内容。

（3）鼓励学生自主学习和探究

个性化教育也需要教师鼓励学生进行自主学习和探究。教师可以通过激发学生的好奇心和求知欲，引导他们自主探索和发现知识，培养其独立思考和解决问题的能力。同时，教师还可以为学生提供相关的学习资源和参考资料，以支持他们的自主学习和探究活动。

（二）能力培养

1. 实践能力培养

（1）探究性实验设计

传统的物理教学注重理论知识的传授，而现代物理教学理念更强调学生的实践能力培养。教师可以设计探究性实验，让学生通过实际操作、观察现象、提出假设和验证实验等步骤，从而深入理解物理学原理和科学方法。

（2）科学项目和工程设计

除了实验，教师还可以组织学生参与科学项目和工程设计活动。这些项目通常涉及解决实际问题或设计创新产品，学生需要动手实践、调研资料、分析问题，并提出解决方案，从而培养他们的创新能力和实践能力。

2. 创新思维培养

（1）课堂讨论和案例分析

在课堂上，教师可以组织学生进行案例分析和问题讨论，引导他们从不同角度思考问题，提出新的观点和解决方案。这种交流和思辨的过程有助于激发学生的创新思维和创造力。

（2）项目实践和研究项目

教师还可以鼓励学生参与项目实践和研究项目。通过自主选择研究课题、进行实验和调查、分析数据和撰写报告等过程，学生可以培养自主探究和解决问题的能力，同时也有助于锻炼他们的创新意识和科学素养。

3. 合作精神培养

（1）小组合作学习

合作学习是培养学生团队合作精神的有效方式之一。在小组合作学习中，学生可以相互讨论、分享思路、共同解决问题，培养团队合作意识和协作能力。

（2）团队实验和项目

教师还可以组织学生进行团队实验和项目。在团队合作中，学生需要分工合作、协调配合，共同完成实验和项目任务，这有助于培养学生的团队协作和领导能力。

4. 批判性思维培养

（1）提出挑战性问题

教师可以在课堂上提出一些挑战性问题，引导学生思考和探讨。这些问题可能涉及物理学中的未解之谜或者前沿领域的热点问题，可以激发学生的思考和质疑精神。

（2）辩论和论证

教师还可以组织学生进行辩论和论证活动。通过参与辩论，学生需要运用逻辑思维和批判性思维，分析问题、论证观点，这有助于培养学生的批判性思维和辩证思维。

第三节　具体化理论框架及其应用

一、以学生为中心

（一）学习兴趣的考量

1. 学生兴趣调查的重要性

在设计物理学教学的理论框架时，学生的学习兴趣是一个至关重要的考虑因素。了解学生的兴趣对于教师来说至关重要，因为它直接影响着他们的学习动机、参与程度以及对课程内容的接受程度。因此，通过系统的调查和观察来深入了解学生对物理学的兴趣和偏好显得尤为重要。

定期的问卷调查是了解学生兴趣的一种有效途径。通过设计针对物理学相关主题的调查问卷，教师可以向学生询问他们对不同物理概念、领域或实验的兴趣程度，并收集他们的反馈意见。这些调查问卷可以包括开放式问题，让学生自由表达他们的想法和建议，也可以包括封闭式问题，以便对兴趣进行量化和比较分析。通过分析问卷调查的结果，教师可以了解到学生对不同学习内容的喜好程度，从而有针对性地调整教学内容，使其更贴近学生的兴趣点。

除了问卷调查外，小组讨论和个别交流也是了解学生兴趣的重要途径。在小组讨论中，学生可以自由地分享自己对物理学的兴趣和想法，通过与同学的交流和讨论，他们可以更深入地探讨自己的兴趣点，并与他人分享和比较。而个别交流则可以更加深入地了解每位学生的个性化兴趣和需求，教师可以与学生进行一对一的对话，倾听他们的想法和意见，从而更好地调整教学内容和方法，满足每位学生的学习需求。

2.兴趣导向教学设计

兴趣导向的教学设计是一种有效的教学策略，它以学生的兴趣为出发点，通过设计吸引人的教学内容和活动，来激发学生的学习动机和兴趣，从而促进更加深入的学习。在物理学教学中，兴趣导向的教学设计尤为重要，因为物理学涉及的范围广泛，而学生对不同领域的兴趣也存在差异。因此，教师应该根据学生的兴趣特点，有针对性地设计教学内容，以提升教学效果和学生的学习体验。

例如，对于喜爱宇宙和天体运动的学生，教师可以通过引入相关的天文学课程或实践活动来满足他们的学习兴趣。在课堂上，教师可以设计丰富多彩的天文学主题，例如星座观测、行星运行规律、恒星演化等，通过图文并茂的教材或多媒体资源展示宇宙的神秘与壮丽。同时，可以组织实地观测活动，带领学生前往天文台或户外观测点，亲身感受星空之美，加深对天文学知识的理解。通过这样的教学设计，学生将能够在兴趣驱动下更加专注地学习，激发他们对物理学的兴趣和热情，从而达到更深层次的学习效果。

兴趣导向的教学设计不仅可以增强学生的学习动机，还可以提高学习效率。因为当学生对学习内容感兴趣时，他们会更加投入到学习过程中，更加主动地去探索和思考，从而更容易地理解和掌握知识。此外，兴趣导向的教学设计还可以促进学生的个性发展和全面成长。通过满足学生的兴趣需求，教师可以帮助他们发现自己的潜能和特长，培养他们的创造力和创新思维，从而为他们未来的学习和职业发展打下良好的基础。

3.个性化学习路径的建立

建立个性化的学习路径是针对不同学生的兴趣特点和学习需求，以实现更有效的教学和学习。这种方法意味着教师不仅需要了解整体班级的兴趣倾向，还需要关注每个学生的独特需求和学习风格。通过与学生建立良好的沟通和反馈机制，教师可以更好地调整教学策略，确保每个学生都能在自己感兴趣的领域取得进步。

个性化学习路径的建立首先需要教师对学生进行全面的了解。这包括了解每个学生的学习兴趣、学习风格、学习能力和学习目标等。通过与学生进行个别交流、观察和评估，教师可以收集关于学生的信息，从而为他们制定个性化的学习计划和教学方案。

在建立个性化学习路径的过程中，教师应该根据学生的兴趣特点和学习需求，设计相应的教学内容和活动。例如，对于喜爱实验和实践的学生，教师可以安排更多的实验课程和实践活动，让他们通过动手操作来深入理解物理学的知识。而对于喜欢理论分析和思考的学生，则可以提供更多的思维导图、案例分析和讨论课程，帮助他们加深对物理学理论的理解和应用。

此外，个性化学习路径的建立还需要教师与学生之间建立良好的沟通和反馈机制。教师应该鼓励学生表达自己的学习需求和困难，并及时给予指导和帮助。同时，教师也需要定期与学生进行交流，了解他们的学习进展和反馈意见，及时调整教学策略和课程安排，确保每个学生都能够在个性化的学习路径上取得进步。

（二）认知水平的考虑

1.理解学生的认知水平

学生的认知水平对其学习物理学的理解和吸收具有重要影响。在构建教学理论框架时，教师应该认真考虑学生的认知水平，这涉及了解他们的学科基础知识水平、思维发展水平以及对抽象概念的理解能力等方面。

第一，学科基础知识水平是影响学生学习物理学的关键因素之一。教师需要了解学生在物理学以及相关学科方面的基础知识掌握程度。有些学生可能具有较强的数学基础，而对物理学的数学应用较为熟悉；而另一些学生可能对数学掌握较弱，需要更多的数学辅导和帮助。因此，教师在设计教学内容时，需要根据学生的基础知识水平，选择恰当的教学方法和教材，以帮助他们建立起扎实的物理学基础。

第二，思维发展水平也是影响学生学习物理学的重要因素。不同年龄段的学生在思维方式、逻辑推理能力以及问题解决能力等方面存在差异。例如，小学生通常具有较为直观的思维方式，更善于通过具体的实物或实验来理解物理现象；而高中生则具有更加抽象和逻辑化的思维能力，能够理解和应用更复杂的物理理论。因此，教师需要根据学生的思维发展水平，选择合适的教学方法和教学策略，引导他们逐步提升自己的思维能力，并深入理解物理学的相关知识。

第三，学生对抽象概念的理解能力也是影响其学习物理学的重要因素。物理学涉及许多抽象的概念和理论，例如电磁场、量子力学等，这些概念对于一些学生来说可能较为晦涩和难以理解。因此，教师需要通过具体的实例、图表、模型等方式，帮助学生建立起对抽象概念的直观认识，并逐步引导他们深入理解和应用这些概念。

2. 教学内容的难度和复杂度调整

针对不同认知水平的学生，教师应该灵活调整教学内容的难度和复杂度，以确保教学的有效性和学生的学习体验。这种个性化的教学方法能够更好地满足学生的学习需求，提高他们的学习效果和学习动机。

对于认知水平较低的学生，教师应采用更直观、具体的教学方法和示例。这些学生可能对抽象的物理概念理解较为困难，因此，教师可以通过生动的实例、日常生活中的现象或具体的实验来帮助他们建立起对物理概念的直观认识。例如，在教授力学方面的内容时，教师可以通过展示简单的物体运动实验或运动场景的视频来引发学生的兴趣，让他们从实际观察中理解运动规律。

而对于认知水平较高的学生，教师可以提供更深入、更复杂的学习内容，以挑战他们的思维和探索欲望。这些学生可能对物理学的抽象理论和数学推导有较高的接受能力，因此，教师可以引导他们进行更深入的探讨和研究。例如，在教授电磁学方面的内容时，教师可以引导学生深入学习麦克斯韦方程组的推导过程，或者介绍一些前沿的物理学研究成果，让他们了解物理学的发展历程和未来的挑战。

在调整教学内容的难度和复杂度时，教师还应考虑到学生的学习兴趣和学科背景。有些学生可能对某些特定的物理学领域或主题特别感兴趣，因此，教师可以根据他们的兴趣设定一些拓展性的学习任务或项目，让他们更深入地探索自己感兴趣的内容。同时，教师还应该关注学生的学习进展和反馈，及时调整教学策略和教学方法，确保每个学生都能够在适合自己认知水平的学习环境中取得进步。

3.引导学生自主学习

除了调整教学内容的难度外，教师在教学过程中还应该积极鼓励学生进行自主学习。自主学习是指学生根据自己的兴趣和需求，主动获取知识，探索问题，发展技能，提高学习效果和自我发展的过程。通过自主学习，学生可以更好地发挥自己的学习潜能，培养自主思考和解决问题的能力。

一种鼓励学生自主学习的方法是提供额外的阅读材料。教师可以根据教学内容和学生的兴趣特点，精选一些与课堂内容相关的书籍、文章或在线资源，供学生自主阅读。这些额外的阅读材料可以帮助学生深入理解课堂上所学的知识，拓宽视野，激发兴趣，并且有助于培养学生的阅读能力和信息获取能力。

另一种促进自主学习的方法是引导学生进行探究性学习。教师可以设计一些开放性的问题或探究性的任务，鼓励学生主动探索问题、提出假设、设计实验、收集数据、分析结果，并得出结论。通过这样的学习方式，学生可以在实践中巩固所学知识，培养科学研究的能力，提高解决问题的能力，并且增强对知识的理解和记忆。

此外，教师还可以鼓励学生参与科学实验或实践活动。通过亲身参与实验操作或实践活动，学生可以更直观地理解物理学原理，加深对知识的理解，提高实验设计和数据处理的能力，并培养科学精神和创新意识。教师可以组织学生参观实验室、实验室实验、校外科学活动等，为他们提供实践的机会和平台，激发学生的学习兴趣，培养他们的实践能力。

（三）学习风格的适应

1.学习风格的多样性

学生具有不同的学习风格，这种多样性是教学设计中必须认真考虑的重要因素。学习风格包括但不限于视觉型、听觉型和动手型等，每种学习风格都反映了学生在学习过程中更偏好的感知和处理信息的方式。因此，在设计理论框架时，教师需要充分考虑这些学习风格的多样性，以确保教学内容能够有效地满足不同学生的学习需求。

视觉型学生更倾向于通过观察图表、图像和示意图等视觉材料来理解和记忆知识。因此，在教学中，教师可以通过使用丰富的图表、图像和多媒体资料等视觉化工具来呈现教学内容，以帮助视觉型学生更好地理解和记忆抽象的物理概念。

听觉型学生则更喜欢通过听讲、听课以及口头解释来获取和理解知识。对于这类学生，教师可以采用清晰、生动的语言讲解教学内容，并鼓励学生参与课堂讨论和问答，以促进他们的思维活跃和知识吸收。

动手型学生则更倾向于通过实践操作和实验来理解和掌握知识。因此，在教学设计中，教师可以设计丰富的实践活动和实验课程，让动手型学生亲身体验物理现象，加深对知识的理解，并培养他们的实验设计和数据处理能力。

除了以上提到的几种主要学习风格外，还有其他一些学生可能具有更特殊或更复杂的学习风格，如口头表达型、逻辑思维型等。因此，教师在设计理论框架时，还应考虑到这些特殊学习风格，并针对性地调整教学方法和教学策略，以满足不同学生的个性化学习需求。

2. 多样化的教学活动设计

针对不同的学习风格，教师可以设计多样化的教学活动，以更好地满足学生的学习需求和提高他们的学习效果。这种个性化的教学活动设计有助于激发学生的学习兴趣，增强他们的学习动机，并提升他们的学习体验。

对于视觉型学生，教师可以采用丰富的视觉化工具来呈现物理概念。这包括使用图片、图表、动画、视频等多媒体资料，以及展示实物模型、示意图等视觉化的教学资源。通过视觉化工具，视觉型学生可以更直观地理解和记忆抽象的物理概念，从而提高学习效果。例如，在教学力学方面的内容时，教师可以展示运动轨迹的动画、受力分析的示意图等，以帮助学生理解运动规律和力学原理。

对于听觉型学生，教师可以通过讲解和听力练习来加深他们的理解。教师可以采用清晰、生动的语言讲解教学内容，注重语速和语调的变化，以吸引听觉型学生的注意力。同时，可以设计一些听力练习和听力理解题目，让学生通过倾听和理解来掌握知识。例如，在教学电磁学方面的内容时，教师可以通过讲解电磁感应现象和电磁波的特性，以及播放相关的声音或视频资料，引发学生的兴趣和理解。

而对于动手型学生，则可以提供丰富的实验和实践活动，让他们亲自动手操作，从而加深对知识的理解。教师可以设计简单而富有趣味性的实验，或者提供实践性的案例分析和问题解决任务，让学生在实践中探索和学习。例如，在教学光学方面的内容时，教师可以组织学生进行光的折射实验，或者设计一个光学仪器的制作项目，让学生亲自动手操作，体验光学现象，加深对光学原理的理解。

3.学习风格的个性化指导

除了设计多样化的教学活动外，教师还应该根据学生的学习风格，提供个性化的学习指导。这种个性化的指导包括了解每个学生的学习偏好和能力，并在教学过程中针对性地进行辅导和反馈。通过个性化的指导，教师可以更好地满足学生的学习需求，促进他们的学习进步。

第一，个性化的学习指导需要教师了解每个学生的学习偏好和能力。这包括了解学生的学习风格、学科兴趣、学习习惯、学习能力等方面的信息。教师可以通过定期的学生调查、观察和与学生的交流来收集这些信息。例如，可以通过问卷调查或小组讨论了解学生对不同学习方式的偏好，以及他们在学习过程中遇到的困难和问题。

第二，个性化的学习指导需要教师在教学过程中针对性地进行辅导和反馈。教师可以根据学生的学习情况和需求，提供个性化的学习建议和指导。例如，对于视觉型学生，可以提供更多的视觉化教学资源，并鼓励他们通过观察和图像理解物理概念；对于听觉型学生，可以加强口头讲解和听力练习，并提供针对性的听力反馈；对于动手型学生，可以提供更多的实践活动和实验机会，并在实践过程中给予及时的指导和反馈。

第三，教师还可以通过一对一的辅导和个别指导来帮助学生解决学习中的困难和问题。通过与学生的个别交流和讨论，教师可以更深入地了解每个学生的学习情况和需求，并提供针对性的帮助和支持。例如，可以为学生制定个性化的学习计划，提供针对性的学习资料，或者给予个别的学习建议和指导。

（四）个性差异的关注

1. 尊重学生的个性差异

在教学过程中，尊重学生的个性差异是教师应该持续关注和积极实践的重要原则。每个学生都是独特的个体，拥有不同的性格、不同的学习习惯和兴趣爱好等特点。因此，教师在教学中应该尊重这些个性差异，不将学生一概而论，关注每个学生的个体差异，从而更好地帮助他们实现个人发展和成长。

第一，教师应该认识到学生的个性差异对学习的影响。不同的个性特点会导致学生在学习过程中表现出不同的行为和态度。例如，一些学生可能比较外向、活跃，喜欢参与课堂讨论和小组活动；而另一些学生可能比较内向、安静，更喜欢独立思考和自主学习。教师应该理解并尊重不同的学习风格和行为特点，为学生提供多样化的学习机会和支持。

第二，教师应该采取个性化的教学方法和指导策略，以满足不同学生的学习需求。有针对性地了解每个学生的个性特点和学习习惯，教师可以根据学生的需求和偏好，有针对性地设计个性化的学习任务和活动。例如，对于外向型学生，教师可以采用小组合作的教学方式，鼓励他们参与课堂互动；而对于内向型学生，可以提供个别辅导和指导，让他们在安静的环境中更好地进行学习。

第三，教师还应该为学生提供积极的反馈和支持，鼓励他们充分发挥自己的优势和潜力。通过及时的赞扬和鼓励，教师可以增强学生的自信心和学习动力，帮助他们克服学习中的困难和挑战，实现个人发展和成长的目标。

2. 个性化的学习支持

针对不同学生的个性特点，教师可以提供个性化的学习支持，以促进每个学生的个人发展和成长。个性化的学习支持需要教师了解每个学生的个性特点和学习需求，为他们提供针对性的指导和帮助。

对于内向的学生，教师可以采用一对一的辅导方式，给予他们更多的关注和指导。这种个性化的支持可以让内向的学生感受到教师的关心，从而增强他们的学习信心和动力。教师可以与这些学生建立良好的师生关系，倾听他们的学习困惑和问题，提供针对性的解决方案和建议。此外，教师还可以鼓励内向的学生参与课堂讨论，但不要强迫他们在大型群体中表现自我，给予他们足够的时间和空间逐渐展现自己的能力。

对于外向的学生，教师可以利用他们的社交能力，鼓励他们在课堂上发言、参与小组活动，并给予他们更多的自主权和责任感。这种个性化的支持可以激发外向学生的学习热情和积极性，让他们更好地发挥自己的优势。教师可以给予外向学生更多的机会去领导小组讨论或组织活动，让他们在团队中发挥带头作用，培养他们的领导能力和团队合作精神。此外，教师还可以为外向学生提供更具挑战性的学习任务，以满足他们追求成就感和竞争力的需求，激发他们的学习潜力。

3. 情感支持与鼓励

除了在学习方面提供支持外，教师还应该给予学生情感上的支持与鼓励，这对于学生的全面发展和健康成长同样至关重要。情感支持与鼓励不仅能够增强学生的自信心和自尊心，还能够激发他们的学习动力，帮助他们更好地应对学习和生活中的困难与挑战。

首先，情感支持与鼓励包括了解学生的感受和想法。教师应该倾听学生的心声，关注他们的情感状态，理解他们可能面临的困难和挑战。通过与学生建立良好的沟通和信任关系，教师可以更好地了解学生的内心世界，为他们提供及时的情感支持。

其次，情感支持与鼓励也包括积极的反馈和鼓励。教师应该给予学生积极的评价和鼓励，肯定他们的努力和进步，激发他们的学习动力和信心。无论是在学术方面还是在个人成长方面，教师都应该给予学生足够的支持和鼓励，让他们相信自己的能力，勇敢面对挑战，不断追求进步和提高。

通过情感支持与鼓励，教师可以帮助学生建立积极的情感态度和心理素质，增强他们的抗挫能力和逆境应对能力。同时，这也有助于营造积极的学习氛围和良好的师生关系，促进教育教学工作的顺利开展。因此，教师在教育实践中应该重视情感支持与鼓励，给予学生充分的关爱和关心，帮助他们健康成长、全面发展。

二、注重问题解决

（一）探究性学习任务

1. 设计挑战性学习任务

在物理教学中，设计挑战性的学习任务对于激发学生的学习兴趣和培养其解决问题的能力至关重要。这些任务应该旨在引导学生深入思考和探索物理世界中的各种现象，从而促进他们的批判性思维和创造性解决问题的能力的发展。

首先，这些挑战性学习任务可以涉及实际生活中的物理现象。例如，要求学生设计一个实验来解释为什么一些物体会浮在水面上，或者探究太阳能电池如何将太阳能转换为电能。通过这些任务，学生不仅仅可以了解物理学原理，还能够将其应用到实际生活中，并且通过实验和观察来验证自己的理解，从而加深对物理学知识的理解。

其次，挑战性学习任务还可以涉及课程内容中的深度问题。例如，要求学生探究量子物理学中的某一概念的深层含义，或者分析一个复杂的物理学问题的解决方案。这样的任务需要学生具备扎实的物理学基础知识，并且具备独立思考和研究的能力，从而提高他们的思维深度和逻辑推理能力。

通过设计这样的挑战性学习任务，学生被鼓励提出问题、展开调查和研究，并且在解决问题的过程中培养批判性思维和创造性解决问题的能力。这不仅有助于学生深入理解物理学知识，还能够培养他们的科学精神和实践能力，为他们未来的学习和职业发展打下坚实的基础。因此，在物理教学中，教师应该充分重视挑战性学习任务的设计与实施，激发学生的学习潜力和创造力。

2. 引导学生主动探究

在物理教学中，引导学生主动探究是一种重要的教学方法，有助于激发学生的学习兴趣和动力，培养他们的自主学习和问题解决能力。通过设计探究性学习任务，教师可以引导学生在学习过程中积极提出问题，并通过自主探索和实践来寻找解决方案。

第一，探究性学习任务应该设计得具有挑战性和启发性。这些任务可以涉及物理学中的现实问题或者是课程中的深度问题。例如，学生可以被要求探究光的折射规律或者是引力场的形成原理。通过这些任务，鼓励学生主动提出问题，并通过实验、观察和理论推导来寻找解决方案，从而培养其探究和解决问题的能力。

第二，教师在设计探究性学习任务时应该注重学生的参与和主动性。教师可以为学生提供一些启发性的问题或者是指导性的实验设备，但不应该直接给出解决方案。教师应该鼓励学生积极参与到问题的探究过程中，发挥自己的创造力和思维能力，从而真正实现学生的主动学习。

第三，教师在引导学生主动探究时应该给予适当的支持和指导。虽然鼓励学生主动探究，但在实际操作中可能会遇到困难和挑战。教师可以通过提供必要的资源和指导，帮助学生克服困难，找到解决问题的方法。同时，教师还可以定期与学生交流和反馈，引导他们在学习过程中不断完善和提高。

3. 批判性思维的培养

通过探究性学习任务，学生将有机会运用批判性思维来分析问题、评估证据并提出解决方案。这种思维能力的培养在物理教学中尤为重要，因为物理学涉及复杂的现象和理论，需要学生具备辨别真假、分析问题、提出合理推断的能力。

第一，教师在设计探究性学习任务时可以注重培养学生的批判性思维能力。这意味着任务应该设计得具有启发性和挑战性，能够激发学生的好奇心和探索欲望。例如，任务可以涉及解决实际生活中的问题，或者是探究物理学中深层次的概念。学生在完成这些任务时需要运用批判性思维来分析问题，评估证据，并提出自己的见解和解决方案。

第二，教师可以在任务设计中注重培养学生解决问题的能力。这包括帮助学生学会提出合理的假设和推断，并通过实践验证其想法。例如，可以要求学生设计一个实验来验证某一物理原理，或者是分析一个复杂的物理问题并提出解决方案。通过这样的实践，学生将学会运用批判性思维来解决现实生活中的问题，从而提高其解决问题的能力。

第三，教师可以通过课堂讨论和个别指导来引导学生运用批判性思维。在课堂上，教师可以组织学生进行小组讨论，让他们分享自己的观点和想法，并与同学进行交流和辩论。同时，教师还可以通过个别指导来帮助学生克服困难，引导他们在学习过程中不断完善和提高。

（二）案例分析与讨论

1. 实际问题的探究

通过案例分析和讨论，教师可以引导学生深入探究实际物理问题，从而促进他们对物理理论的理解和应用。这种教学方法不仅可以激发学生的学习兴趣，还能够培养他们的批判性思维和逻辑推理能力。

第一，案例分析可以涉及生活中的物理现象，例如，汽车行驶时的运动学问题、电子设备中的电路原理、天气变化的气象学解释等。通过对这些案例的分析，学生可以将课堂所学的物理知识与实际生活中的问题相结合，从而加深对理论的理解和应用。例如，学生可以分析物体受力情况时，将牵引力、摩擦力等概念应用到汽车行驶的情景中，从而理解物体的运动状态。

第二，案例分析还可以涉及历史上的物理事件，例如，牛顿的三大定律的发现过程、相对论的提出及其影响等。通过对这些历史案例的分析，学生可以了解物理理论的发展历程、科学家们的探索过程以及他们面对的困难和挑战。这有助于学生树立正确的科学观念，认识到科学研究是一个不断探索、发现和解决问题的过程。

第三，案例分析还可以涉及科学实验中的困难和挑战，例如，实验设计的合理性、数据分析的准确性等。通过对这些案例的分析和讨论，学生可以了解科学实验中的不确定性和复杂性，培养他们在解决实际问题时的批判性思维和逻辑推理能力。

2. 小组讨论与合作学习

在案例分析和讨论过程中，将学生分成小组进行合作学习是一种有效的教学策略。通过小组讨论，学生有机会与同伴共同探讨问题，分享各自的观点和想法，从而促进彼此之间的互相交流和学习。这种合作学习的方式不仅能够提高学生的学习效果，还能培养他们的团队合作和沟通能力。

第一，小组讨论可以激发学生的学习兴趣和动力。在小组中，学生可以互相启发和激励，分享彼此的疑惑和发现，从而增强对学习内容的兴趣。此外，学生在与同伴合作的过程中，往往能够更加积极主动地参与讨论，提出问题，表达自己的观点，从而更深入地理解和消化所学知识。

第二，小组讨论有助于拓展学生的思维视野和增强解决问题的能力。在小组中，每个成员都可以带来不同的思维方式和解决问题的途径，通过共同探讨和交流，可以从多个角度去思考和分析问题，寻求最佳的解决方案。这种多样化的思维碰撞有助于拓展学生的思维，培养其批判性思维和创新能力。

第三，小组讨论还能够促进学生之间的互助和合作精神。在小组中，学生需要相互协作、互相支持，共同解决问题，达成共识。通过这种合作学习的方式，学生不仅能够培养团队合作和沟通能力，还能够增强彼此之间的友谊和信任，建立良好的学习氛围。

（三）实践操作与实验设计

1. 实验探究的重要性

实验探究在物理教学中扮演着至关重要的角色。通过实践操作和实验设计，学生可以直接参与到科学探究的过程中，从而加深对物理学原理的理解，并培养实验技能和创新能力。

第一，实验探究能够帮助学生直观地理解抽象的物理概念。许多物理理论是通过实验观测和数据分析得出的，通过实验，学生可以亲身感受到物理现象，直观地观察和测量各种物理量，从而将抽象的理论知识转化为具体的实践经验，更加深入地理解学科内容。

第二，实验探究培养了学生的实验技能和科学精神。在实验过程中，学生需要设计实验方案、操作仪器、收集数据并进行分析，这些过程需要学生运用科学方法和逻辑思维，培养了他们的实验能力和解决问题的能力。同时，实验探究也鼓励学生勇于探索未知领域，培养了他们的创新意识和科学态度。

第三，实验探究能够激发学生的学习兴趣和动力。相比于单纯的理论误堂，实验课程更具趣味性和互动性，能够吸引学生的注意力，激发他们的学习兴趣。通过实验探究，学生可以积极参与到科学探索的过程中，体验到科学的乐趣，从而增强了他们对物理学的兴趣和热情。

2. 实验设计的指导与启发

在实践操作和实验设计过程中，教师的角色至关重要，他们不仅起到指导的作用，还应该激发学生的创造力和探索精神。通过有效的指导和启发，教师可以帮助学生充分发挥他们的潜能，培养其实验设计和解决问题的能力。

第一，教师应该引导学生提出问题。在实验设计的初期阶段，教师可以与学生一起讨论，并激发他们对问题的好奇心和探究欲望。通过提出开放性的问题，教师可以激发学生的思维，引导他们深入探索物理现象的本质，并确定实验的目标和方向。

第二，教师应该指导学生制定实验方案。在确定实验目标后，教师可以与学生一起讨论可能的实验方法和步骤，并指导他们制定合理的实验方案。教师可以提供必要的技术支持和实验设备，并指导学生考虑实验的可行性、安全性和有效性，从而确保实验的顺利进行。

第三，教师应该鼓励学生收集数据并分析结果。在实验过程中，教师可以指导学生如何正确操作实验设备，收集准确的数据，并使用适当的方法对数据进行分析和解释。通过实践操作和数据分析，学生将能够更深入地理解物理现象，并从中得出合理的结论。

第四，教师还应该鼓励学生发挥想象力和创造力，设计具有创新性和挑战性的实验项目。通过开展具有挑战性的实验项目，学生将面临更多的思维和技术挑战，从而激发其学习兴趣和动力。教师可以鼓励学生提出自己的想法，并给予积极的反馈和支持，帮助他们克服困难，实现自己的创新目标。

（四）问题导向的学习

1. 明确学习目标

（1）确定关键问题

在问题导向的学习中，教师首先需要确定关键的学习问题。这些问题应当具有挑战性和启发性，能够引发学生的思考和讨论，促使他们深入探究相关知识领域。教师可以根据学科内容和学生的水平设定问题，确保学习目标的明确性和可操作性。

（2）设定学习目标

基于确定的关键问题，教师需要明确学习目标，以指导学生的学习方向和进程。这些学习目标应当与关键问题密切相关，能够引导学生展开深入学习，并具有可衡量的特征，以便教师和学生可以评估学习成果。通过清晰的学习目标，学生能够更好地理解学习任务的意义和重要性，增强学习动机和目标感。

（3）激发学习兴趣

在确定学习目标时，教师应该考虑到学生的兴趣和需求，设计具有吸引力的学习任务和问题，激发学生的学习兴趣。通过与学生的互动和沟通，教师可以了解他们的兴趣爱好和学习偏好，从而更好地定制学习目标，提高学习的效果和积极性。

2. 学习过程的引导与反思

（1）引导学习过程

在问题导向的学习中，教师应该积极引导学生展开学习活动，并提供必要的支持和指导。教师可以通过课堂讨论、案例分析、实验设计等方式，引导学生深入探究关键问题，积极参与学习过程。通过及时的引导和反馈，教师能够帮助学生克服学习困难，提高学习效果。

（2）提出引导性问题

为了促进学生的思维深度和广度，教师可以提出引导性问题，引导学生思考和讨论。这些问题可以是开放性的，能够激发学生的探究欲望和创造力，引导他们深入探索知识的内涵和外延。通过针对性的问题引导，教师能够引发学生的思考和探究，促进他们的自主学习和批判性思维能力的培养。

（3）鼓励学生反思总结

在学习过程中，教师应该鼓励学生进行反思和总结，及时检查和评估学习效果。学生可以通过思考和讨论，总结学习过程中的收获和体会，发现问题和不足之处，并提出改进和优化的建议。通过反思总结，学生能够更好地理解学习内容，提高学习效果和学习质量。

三、强调实践应用

（一）现实生活应用

1. 理论知识与实际应用的联系

（1）理论知识的普适性

物理学的理论知识具有普适性，可以应用于各个领域和行业。例如，光学原理不仅在光纤通信技术中有应用，还广泛应用于医疗领域的激光治疗、光学显微镜等设备中；电磁学原理不仅在电磁感应中应用于发电机，还在无线电通信、电子设备等领域有广泛应用。

（2）实际应用的示范

教师可以通过展示实际应用案例来说明物理学理论知识的实际应用价值。例如，通过介绍光纤通信技术的工作原理和应用场景，学生可以理解光学原理在信息传输中的重要性，从而增强对光学原理的学习兴趣和理解深度。

（3）激发学生的兴趣

通过案例分析和实例讲解，教师可以激发学生对物理学的兴趣和探索欲望。学生通过了解物理学理论知识在实际生活中的应用，能够更好地认识到物理学的重要性和实用性，从而更加主动地参与学习过程，提高学习效果。

2. 实际案例的引导与分析

（1）选取具有代表性的案例

教师可以选择一些具有代表性的实际案例，如汽车碰撞事故中的力学原理、天气预报中的气象学原理等，引导学生分析其背后的物理学原理。这些案例既能够与学生的生活经验联系紧密，又能够展示物理学理论知识的实际应用，有助于学生更好地理解物理学的抽象概念。

（2）分析物理学原理

教师引导学生分析案例中涉及的物理学原理，并探讨其在实际生活中的应用。例如，在汽车碰撞事故中，学生可以分析牛顿运动定律在事故中的应用，了解碰撞力对车辆和乘客的影响，从而加深对力学原理的理解。

（3）学生参与讨论

教师鼓励学生积极参与案例分析的讨论，提出自己的观点和想法。通过学生之间的交流和讨论，可以促进思维碰撞，拓展学生的视野，培养他们的批判性思维和解决问题的能力。

3. 实践应用的探索与体验

（1）参观科学展览

教师可以组织学生参观科学展览，让他们亲身感受物理学在实际生活中的应用场景。学生可以通过观察和体验展览中的各种物理现象和设备，加深对物理学原理的理解，并将理论知识与实际应用场景联系起来。

（2）实地考察物理现象

教师还可以组织学生进行实地考察，观察和探究各种物理现象。例如，学生可以到实验室、天文观测点等地方进行实地考察，观察和记录物理现象，从而加深对物理学原理的理解，并培养实践能力和科学精神。

（3）激发学生的学习兴趣

通过实践应用的探索与体验，学生能够更加直观地感受到物理学理论知识在实际生活中的应用价值，从而激发他们的学习兴趣和动力。教师应该引导学生积极参与实践活动，培养其实践能力和探究精神，从而提高他们对物理学的理解和应用能力。

（二）工程设计与项目研究

1. 应用性工程设计项目

（1）设计太阳能电池板

在这个项目中，学生将学习太阳能电池板的工作原理和应用。他们通过理论课程学习光电转换原理、半导体物理等知识，然后利用所学知识设计太阳能电池板。这项任务要求学生考虑到太阳能电池板的结构、材料选择、光电转换效率等因素，并利用模拟软件进行仿真实验，以验证设计的有效性。

（2）构建简单的电路

这个项目旨在让学生了解电路的基本原理和实际应用。学生将学习电路的组成要素、基本电子元件的特性以及电路的搭建方法。然后，他们将根据所学知识设计和构建简单的电路，例如，LED 闪烁灯、蜂鸣器电路等。通过实践操作，学生将加深对电路原理的理解，并培养实验设计和问题解决的能力。

（3）设计物理模型

在这个项目中，学生将利用所学的物理理论知识设计和制作物理模型。这些模型可以是简单的实验装置、物理现象的模拟器或者是具有特定功能的装置。通过设计和制作物理模型，学生将学会运用物理理论知识解决实际问题的能力，培养其创新意识和工程设计能力。

2.科学项目研究与实践

（1）开展天体观测

这个项目将学生引入天文学领域，让他们通过实际的天体观测活动了解宇宙的奥秘。学生将学习天文望远镜的使用方法、天体测量技术等知识，并利用观测仪器进行实地天体观测。通过这个项目，学生可深入了解天文学原理，培养其科学研究和观测技能。

（2）参与科学竞赛

学生可以参加各种物理科学竞赛，如科学创新竞赛、科技竞赛等。这些竞赛项目旨在让学生将所学的物理理论知识应用到实际问题中，并通过团队合作或个人努力，提出创新性的解决方案。通过竞赛活动，学生可锻炼科学研究能力、团队合作精神和创新意识。

（3）设计物理实验

这个项目要求学生设计和开展物理实验，以探究特定的物理现象或验证理论。学生可选择感兴趣的物理主题，制定实验方案、收集数据并进行数据分析，最终得出结论。通过设计物理实验，学生可加深对物理理论的理解，培养实验设计和科学探究的能力。

（三）实践操作与演示实验

1.实验操作的重要性

（1）实践操作的必要性

实践操作是物理学习过程中不可或缺的一环。通过亲身操作实验装置，学生可以直观地观察物理现象，感受实验过程中的变化，从而更深入地理解物理学原理。实验操作还可以培养学生的实验技能和动手能力，提高他们的实践应用能力。

（2）数据分析与结论推断

在实验过程中，学生需要收集实验数据，并进行数据分析和结论推断。通过对实验数据的处理和分析，学生可以掌握数据处理的方法和技巧，培养其科学思维和逻辑推理能力。同时，学生还可以通过实验结果的分析和结论推断，深化对物理学原理的理解。

2. 实验设计的指导与展示

（1）学生实验设计的指导

教师在实验教学中应起到指导学生实验设计的作用。教师可以根据学生的学习需求和实验目标，指导学生设计合适的实验方案，并提供必要的实验操作指导和安全提示。通过教师的指导，学生可以更加系统地进行实验设计和实验操作，提高实验的效果和学习的效率。

（2）实验结果的展示与分享

完成实验后，学生可以将实验结果进行展示和分享。教师可以组织学生进行实验结果的展示会或小组讨论，让学生分享实验过程中的发现、困难和解决方案，共同探讨实验结果的意义和应用。通过实验结果的展示与分享，学生可以加深对实验原理的理解，培养团队合作和交流能力，促进知识的共享与交流。

（四）技术工具的运用

1. 现代技术与物理教学

（1）计算机模拟的应用

计算机模拟在物理教学中起着重要作用。通过物理模拟软件，学生可以在计算机上进行实验操作和数据分析，模拟各种物理现象的发生和演变过程。例如，利用模拟软件可以模拟光的折射、波的传播、电路的运行等物理现象，让学生在虚拟环境中进行实验，加深对物理学原理的理解。

（2）虚拟实验的优势

虚拟实验具有很多优势，例如不需要实验设备和实验场地，能够节约实验成本和时间；同时，虚拟实验还可以消除实验过程中的安全隐患，保障学生的安全。此外，虚拟实验还可以提供丰富多样的实验场景和实验条件，让学生在不同的情境下进行实验操作，培养其实验设计和问题解决能力。

2. 虚拟实验与模拟仿真

（1）虚拟实验的实施

虚拟实验通常通过计算机软件或在线平台实施。教师可以在课堂教学中，利用计算机实验室或学校网络资源，让学生进行虚拟实验操作。学生可以根据实验指导书和操作步骤，在虚拟环境中进行实验操作，收集实验数据，并进行数据分析和结论推断。

（2）模拟仿真的效果

模拟仿真实验通过计算机软件模拟真实物理实验的过程和结果。与传统实验相比，模拟仿真实验可以提供更加丰富和灵活的实验场景，让学生在不同条件下进行实验操作，从而加深对物理学原理的理解。此外，模拟仿真实验还可以提供实验结果的可视化展示，帮助学生直观地观察和分析实验现象，提高其实验设计和数据处理能力。

第三章 高中物理课程设计原则与内容体系构建

第一节 高中物理课程标准与教学目标

一、课堂教学目标设计依据分析

课程标准是制定课堂教学目标的最重要和基本的依据。除了课程标准外，还需要考虑学生、教学内容和教学环境等因素。因此，在确定教学目标时，首先需要对这些依据性因素进行分析。

（一）课程标准分析

1. 核心素养培养

根据《普通高中物理课程标准》（2017年版），物理教学旨在围绕培养物理学科核心素养展开。这些核心素养包括但不限于以下四点。

（1）物理观念：学生应当理解和掌握物理学中的基本概念和理论，如力、能量、运动等，建立正确的物理世界观。

（2）科学思维：培养学生具备科学思维的能力，包括分析问题、提出假设、进行实验、总结规律等，从而能够独立思考和解决问题。

（3）科学探究：鼓励学生主动参与科学探究活动，通过实验和观察，发现现象背后的规律，并能够运用科学方法进行推理和验证。

（4）科学态度与责任：培养学生具备科学态度，包括对科学知识持开放、探究的态度，以及对科学实践持负责任、严谨的态度。

《义务教育课程方案和课程标准（2022年版）》通过明确这些核心素养，反映了对学生整体发展的期望，为教学目标的确定提供了基本依据。

2. 指导思想

教学的指导思想强调科学素养的培养，而不仅仅是知识的灌输。这意味着在教学过程中，教师应注重培养学生的能力，包括但不限于以下三点。

（1）全面发展：不仅关注学生的学科知识，还要关注其思维能力、实践能力等方面的发展，使其能够全面成长。

（2）实践应用：强调学生学习的实践性和应用性，鼓励他们将所学知识应用到实际问题中解决，培养解决问题的能力。

（3）探究性学习：倡导以学生为主体，通过探究和发现来构建知识体系，激发学生的学习兴趣和动力。

教学指导思想的确立，为教师在设计教学目标时提供了方向，要求教学目标不仅要注重知识的传授，更要注重学生能力的培养和素养的提升。

（二）学生分析

1. 认知水平

学生的认知水平对于教学目标的确定具有重要影响。了解学生的认知水平，包括他们的学习能力和接受程度，有助于教师根据学生的实际情况，制定适合他们的教学目标。对于物理课程而言，学生的认知水平包括以下三点。

（1）前置知识水平：了解学生在物理领域的基础知识掌握情况，如是否熟悉力学、热学、电磁学等基本概念。

（2）学习能力：了解学生的学习能力和学习方法，是否习惯于通过听讲、阅读、实践等方式获取知识，以及学生的学习速度和理解能力。

（3）接受程度：了解学生对于不同形式的教学方式和教学内容的接受程度，是否更倾向于理论性的讲解还是实践性的探究，以及对于新概念和难点的接受程度。

2. 兴趣爱好

学生的兴趣爱好是影响其学习动力和学习效果的重要因素之一。考虑学生的兴趣爱好，制定能够激发学生学习热情的教学目标，有助于提高学习效果。在物理课程中，教师可以通过以下方式考虑学生的兴趣爱好。

（1）多样化的教学内容：根据学生的兴趣爱好，设计丰富多彩、生动有趣的教学内容，例如结合实际案例、科普视频等。

（2）启发性的教学方法：采用能够引发学生思考和讨论的教学方法，如探究式学习、案例分析等，激发学生的兴趣和求知欲。

3. 学习习惯

学生的学习习惯对于教学目标的制定和教学方式的选择同样具有重要影响。了解学生的学习习惯，制定符合其习惯和学习方式的教学目标，有利于学生的接受和理解。在考虑学生的学习习惯时，教师可以关注以下几个方面。

（1）学习时间和环境：了解学生习惯于何时何地学习，以及学生是否需要更多的独立学习时间或合作学习环境。

（2）学习方式：了解学生更倾向于哪种学习方式，例如是否更喜欢通过阅读、听课、实验等方式获取知识，以及是否更擅长于群体学习还是个人学习。

（三）教学内容分析

1. 难易程度

在制定教学目标时，需要对课程内容的难易程度进行分析。这样可以确保教学目标具有一定挑战性，激发学生的学习兴趣和动力，但同时也要注意不要设置过于艰深的目标，以保证学生能够理解和接受。

（1）课程内容分级：根据教材内容的难易程度，将课程内容进行分级，确定每个阶段的教学目标。例如，将基础概念、中等难度的知识和高级应用技能分别纳入不同阶段的目标设计中。

（2）挑战性与可行性的平衡：确保教学目标既具有一定的挑战性，能够激发学生的学习兴趣，又要考虑学生的学习能力和水平，保证目标的可行性，避免过度挫败学生的积极性。

2. 逻辑关系

深入研究教材内容的逻辑关系，对于制定合适的教学目标至关重要。理解课程内容之间的逻辑关系，有助于设计一系列有机衔接、递进式的教学目标，帮助学生建立系统的知识体系。

（1）知识点连接：分析教材中知识点之间的逻辑关系，将教学目标设置为有机衔接的知识体系，避免零散的知识点，有助于学生更好地理解和运用所学知识。

（2）概念梳理：将教学目标设置为逻辑清晰、层次分明的概念体系，帮助学生建立起完整的概念结构，有利于深入理解和掌握物理学的核心概念。

3. 对应程度

将课程标准具体化为每一课时的教学目标，是教学设计的重要环节。确保教学目标与课程标准的要求相一致，有利于学生全面发展。

（1）细化教学目标：将课程标准中抽象的要求具体化为每一节课的具体教学目标，明确每个教学环节的教学重点和学习目标。

（2）全面发展：教学目标要全面覆盖课程标准中的各项要求，包括知识、技能、情感态度等方面，确保学生能够全面发展。

（四）教学环境分析

1. 条件与设施

在制定教学目标时，必须充分考虑教学环境的条件与设施，以确保目标的设定与实际的教学条件相适应，避免设定过高或过低的目标。

（1）设备设施情况：分析学校的实际教学设备设施情况，包括教室设备、实验室设备、多媒体设备等，确定可以利用的教学资源。

（2）教室环境：考虑教室的大小、布局、采光情况等，确保教学环境舒适，有利于学生的学习和教师的教学。

（3）学生人数：根据班级规模确定教学目标的设定，避免因学生人数过多或过少而影响教学效果。

2. 资源利用

教学资源的充分利用对于实现教学目标至关重要。在制定教学目标时，需要考虑如何充分利用各种教学资源，为实现教学目标提供必要的支持和保障。

（1）实验室资源：如果学校配有实验室，可以设计实验性的教学目标，充分利用实验室设备和实验资源，提高学生的实践能力和动手能力。

（2）多媒体设备：利用多媒体设备进行教学可以使教学内容更加直观生动，提高学生的学习兴趣和理解能力。因此，可以设计针对性的多媒体教学目标，充分利用多媒体设备。

3. 因素综合考虑

教学环境的各种因素都会影响教学目标的设定和实现。因此，在制定教学目标时，教师需要综合考虑教学环境的各种因素，确保教学目标的顺利实现。

（1）学生特点：考虑学生的年龄、性别、兴趣爱好等特点，确定符合学生需求和接受程度的教学目标。

（2）教材情况：分析教材的内容和组织结构，将课程标准具体化为每一课时的教学目标，确保目标与教材的要求相一致。

二、教学目标的分解

将课程标准具体化为每一课时的教学目标是教学设计的重要环节。这需要将课程标准从整体上分解为模块目标、章（单元）教学目标和课时教学目标，以确保教学目标的逐步实现和学生学习效果的提高。

（一）确定物理观念目标

在确定物理观念目标时，教师需要重点关注学生对物理学原理的理解和掌握。具体而言，可以将物理观念目标分解为以下三个方面。

1. 理解基本概念

在物理学习中，基本概念的理解对于学生建立对自然界各种现象的认知框架至关重要。这些基本概念涵盖了力学、热学、电磁学等多个领域，在学生学习物理的过程中，对这些基本概念的理解和运用是建立深厚物理学基础的关键。力学作为物理学的基础，涉及质点的运动、牛顿运动定律、万有引力定律等重要概念。学生需要理解质点的运动状态可以由位置、速度和加速度来描述，而牛顿运动定律则明确了力与运动之间的关系，帮助学生理解物体的运动状态受到外力的影响。此外，万有引力定律则揭示了质点之间的引力大小与距离的平方成反比的关系，这是解释天体运动规律的基础。

而热学方面的基本概念则涉及热量、温度、热传导等概念。学生需要理解热量是物体之间由于温度差异而传递的能量，温度则是物体内部微观粒子的平均热运动能量的度量。而热传导则涉及热量在物质中的传递方式，通过固体、液体和气体之间的分子振动、传递和碰撞来实现热量的传导。电磁学方面的基本概念则包括电荷、电场、电流等。学生需要理解电荷是基本粒子所带的属性，而电场则是电荷周围的一种物理场，体现了电荷之间的相互作用。电流则是电荷在导体中的移动，是电路中电能传递的方式之一。

在教学中，教师应该通过生动、具体的例子和实验来帮助学生理解这些基本概念，引导学生将这些抽象的概念与日常生活和实际应用相联系，从而提高学生的学习兴趣和理解深度。同时，教师还应该设计一些探究性的学习任务，让学生通过实践来加深对基本概念的理解，培养其分析和解决问题的能力。通过这样的教学方式，学生将能够更好地掌握力学、热学、电磁学等基本概念，为深入学习物理学打下坚实的基础。

2. 掌握原理

在掌握原理这一目标中，教师需要引导学生深入理解物理学中的各类定律和公式，这些原理是解释和预测物理现象的核心工具。以牛顿运动定律为例，第一定律阐述了惯性概念，指出在没有外力作用时，物体将保持静止或匀速直线运动状态；第二定律通过公式 $F=ma$ 量化了力和加速度之间的关系，第三定律则揭示了力的相互作用关系。学生需要在理解这些定律的基础上，能够灵活应用它们解决实际问题。例如，通过应用牛顿第二定律，学生可以计算出某一力作用下物体的加速度，并进一步预测其运动轨迹。同样，在电磁学中，欧姆定律、库仑定律和法拉第电磁感应定律等原理也需要学生深入掌握，理解这些定律背后的物理意义和应用方法，从而能够解释和解决各种电磁现象的问题。

3. 解释现象

培养学生分析物理现象的能力是物理教育的重要目标之一。通过培养学生对物理现象的分析能力，他们可以更好地理解自然界中发生的各种现象，并且能够运用所学的理论知识来解释这些现象的产生和发展规律。这种能力的培养不仅有助于学生在物理学科上取得更好的成绩，更重要的是可以培养他们的科学素养和逻辑思维能力。

在培养学生分析物理现象的能力时，教师可以通过引导学生从事实出发，提出问题，进行思考，最终得出合理的解释。例如，当学生观察到一个物体被放置在斜面上后会滑下来，教师可以引导学生思考为什么物体会滑下来，这与哪些物理原理相关，可以利用哪些物理知识来解释这一现象。通过这样的思考过程，学生可以逐渐形成对物理现象的分析思维模式。

教师还可以通过实验和示范来帮助学生理解物理现象背后的原理。例如，通过展示不同形状的物体在空气中下落的速度不同的实验，让学生观察实验现象，然后通过物理学原理来解释这一现象。这种通过实验来理解物理现象的方法不仅可以直观地展示物理原理，还可以激发学生对物理学的兴趣，提高他们的学习积极性。

教师还可以通过案例分析的方式来培养学生分析物理现象的能力。通过分析真实的案例，学生可以了解到物理学原理在实际生活中的应用，进而掌握更多解释现象的方法和技巧。例如，通过分析交通事故中汽车碰撞的力学原理，学生可以更深入地理解为什么碰撞时会发生车辆受损等现象。

（二）确定科学思维和科学探究目标

在确定科学思维和科学探究目标时，教师需要重点考虑如何引导学生进行科学思维和科学探究，培养其分析问题和解决问题的能力。

培养学生的科学思维和科学探究能力是现代教育的重要目标之一。通过培养这些能力，学生可以更好地理解科学知识，掌握科学方法，培养解决问题的能力，并且更好地适应未来的学习和工作需求。在确定科学思维和科学探究目标时，可以分为观察和实验技能、问题分析能力以及推理和判断能力三个方面。

第一，观察和实验技能是科学思维和科学探究的基础。学生需要具备观察、实验设计和数据处理的能力，才能进行科学实验并准确记录实验数据。在教学中，可以通过实验课程和实践活动来培养学生的观察和实验技能。教师可以设计各种形式的实验，让学生亲自动手进行操作，观察现象，收集数据，并进行数据处理和分析，从而培养学生的实验技能和科学精神。

第二，问题分析能力是科学思维和科学探究的重要组成部分。学生需要通过识别问题、提出假设、设计实验验证假设等步骤，解决复杂的科学问题。在教学中，可以通过启发式问题解决、案例分析等方式来培养学生的问题分析能力。教师可以提出具有挑战性的问题，引导学生思考问题的本质，提出解决问题的方法，并通过实践来验证解决方案的有效性，从而培养学生的问题分析能力。

第三，推理和判断能力是科学思维和科学探究的重要环节。学生需要根据已有的知识和实验数据进行推断和判断，形成科学见解。在教学中，可以通过引导学生分析科学现象和实验数据，提出合理的假设，并进行推理和判断，从而培养学生的推理和判断能力。教师可以设计一系列与实际生活和科学实验相关的问题，让学生通过分析和推理来解决问题，从而提高他们的推理和判断能力。

（三）确定科学态度与责任目标

除了知识和技能的培养外，教师还应该关注学生的科学态度和责任感。在确定科学态度与责任目标时，需要考虑以下三个方面。

1.探究精神培养

探究精神的培养是现代教育的核心目标之一，特别是在科学教育领域。这种探究精神不仅是培养学生对未知事物的探索欲望，更是鼓励他们勇于尝试、主动进行科学探究和实践活动的重要手段。探究精神的培养旨在激发学生的求知欲、创造力和解决问题的能力，使他们能够积极探索未知领域，主动参与科学研究，成为未来的科学领袖和创新者。

在培养探究精神的过程中，教育者可以通过多种途径来实现这一目标。首先，教育者应该提供一个开放、鼓励探索的学习环境。这样的学习环境应该鼓励学生提出问题、展开思考，并提供资源和支持，让他们能够自由地进行科学实验和研究。其次，教育者应该设计一系列具有挑战性的任务和项目，激发学生的学习兴趣和求知欲。这些任务和项目可以是实验设计、科学论文撰写、科学展示等形式，让学生在实践中不断地挑战自我、突破困难，从而培养他们的探究精神和创新能力。

教育者还应该注重培养学生的团队合作和沟通能力。科学研究往往需要团队合作，学生应该学会与他人合作、共同解决问题，并能够清晰地表达自己的想法和观点。因此，教育者可以通过小组项目、讨论会和合作研究等形式，培养学生的团队合作和沟通能力，让他们能够更好地与他人合作、交流和分享。

教育者还可以通过提供激励和奖励机制来激发学生的积极性和主动性。比如，设立科学研究奖学金、科技创新竞赛等活动，鼓励学生积极参与科学研究和创新实践，从而培养他们的探究精神和创新能力。

2.合作与分享

培养学生团队合作和知识分享的意识是现代教育的重要目标之一。在当今社会，团队合作和知识分享已经成为解决问题、推动科学进步的重要手段。因此，教育者应该积极培养学生的团队合作意识和分享精神，使他们能够与他人合作解决问题，并乐于分享自己的科学成果。

第一，学生在团队合作中可以学会倾听、尊重和合作。通过参与团队合作项目，学生可以学会与他人合作、共同解决问题，学会尊重他人的意见和建议，培养团队协作的意识和能力。在团队合作过程中，学生需要学会分工合作、协调沟通，培养团队协作和领导能力，从而更好地完成团队任务。

第二，知识分享可以促进学生之间的交流和学习。通过分享自己的科学成果和研究成果，学生可以向他人展示自己的学术能力和科研水平，同时也可以借助他人的意见和建议，完善自己的研究成果。知识分享还可以促进学术界的交流与合作，推动科学研究的进步和发展。

第三，教育者可以通过组织各种形式的团队合作项目和知识分享活动来培养学生的团队合作意识和分享精神。比如，组织学生参加团队科研项目、科技创新竞赛等活动，让学生通过与他人合作、分享经验和成果，培养团队合作意识和分享精神。此外，还可以组织学术交流会、学术讲座等活动，让学生有机会向他人分享自己的科研成果和学术观点，促进学术界的交流与合作。

3. 社会责任感

引导学生认识到科学与社会的关系，并培养他们对环境、社会和人类健康的责任感，是现代教育的重要任务之一。在当今社会，科学技术的发展对社会产生了深远的影响，而科学研究和实践所涉及的问题也越来越多地关系到环境保护、社会公平和人类健康等重要议题。因此，教育者应该积极引导学生认识到科学与社会的关系，培养他们具有社会责任感的科学公民意识。

第一，教育者可以通过教学内容和案例分析等方式，向学生介绍科学与社会的关系，让他们了解科学技术对社会发展和人类生活的影响。例如，可以介绍科学技术在环境保护、医疗健康、能源利用等方面的应用，让学生了解科学研究和实践对社会的重要意义和作用。

第二，教育者可以通过开展社会实践和志愿服务等活动，培养学生的社会责任感和公益意识。通过参与社会实践和志愿服务项目，学生可以亲身体验社会问题，并深刻认识到自己作为科学公民的责任和义务。在参与社会实践和志愿服务过程中，学生可以通过实际行动来保护环境、关爱弱势群体，从而培养其社会责任感和公益意识。

第三，教育者还可以通过教学方法和评价机制等手段，促进学生的社会责任感的培养。例如，可以通过案例分析、小组讨论等方式，引导学生思考和讨论科学技术发展对社会的影响，激发他们对社会问题的关注和思考。同时，可以通过社会责任项目、社会实践报告等方式，对学生的社会责任感进行评价和考核，从而促进学生的社会责任感的培养和提升。

三、教学目标的分类

教学目标的分类应基于四个核心素养，即物理观念、科学思维、科学探究和科学态度与责任。因此，教学目标的确定应以这四个核心素养为基础进行分类。

（一）物理观念目标

物理观念目标是物理教学中的基础，旨在帮助学生理解和掌握物理学的基本概念和原理，并能够将其应用到实际生活和工程实践中。这些目标的分类可以根据不同的物理学领域或主题进行，以确保学生全面掌握各个方面的物理观念。

1. 力学类目标

力学类目标涵盖了物理学中的基础内容，主要包括物体的运动、受力分析以及牛顿运动定律等方面。学生在力学学习中的目标不仅仅是理解这些概念，更重要的是能够运用它们来分析和解释各种物理现象，并能够应用到实际生活和工程实践中。

首先，学生需要理解力学中涉及的基本物理量，如力、质量和加速度等的概念。力学是研究物体的运动和受力情况的学科，因此对这些基本物理量的理解至关重要。力是导致物体产生运动或形状变化的原因，质量则是描述物体惯性大小的量度，而加速度则表示物体在单位时间内速度改变的量。这些基本物理量之间存在着密切的相互关系，学生需要逐步理解这些关系，从而为后续的学习打下坚实的基础。

其次，学生需要能够分析各种力的作用以及物体的运动规律。力的作用是物体运动和形状变化的根本原因，学生需要学会分析各种力的性质和作用方式，包括重力、弹力、摩擦力等。通过深入理解不同力的性质和作用规律，学生可以逐步掌握物体的运动规律，包括匀速直线运动、加速运动、曲线运动等。这些运动规律是力学研究的核心内容，也是学生在力学学习中需要重点掌握和应用的知识。

最后，学生需要熟练掌握牛顿运动定律，并能够应用到实际问题中去。牛顿三大运动定律是力学中最基础、最重要的定律，它们分别描述了物体静止、匀速直线运动和受力运动的规律。学生需要透彻理解这些定律的内容和含义，并能够运用它们解决各种与物体运动相关的问题。通过运用牛顿运动定律，学生可以分析和解释各种物理现象，如自由落体运动、斜面运动等，同时也为他们将来在工程实践中应用物理知识奠定了基础。

2. 热学类目标

热学类目标是物理学中的重要内容之一，涉及了热量、温度、热传导、热膨胀等概念及其相关原理。学生在热学学习中的目标不仅是理解这些概念，更重要的是能够理解热能的传递和转化过程，以及掌握热力学定律和热力学循环等基本原理，从而能够应用于实际生活和工程实践中。

首先，学生需要理解热量和温度的概念以及它们之间的关系。热量是描述物体热能转移的物理量，而温度则是反映物体热量状态的物理量。学生需要理解热量是如何由高温物体传递到低温物体的，以及温度差异对热量传递的影响。通过这些学习，学生能够更好地理解热力学基本定律和热传导的原理。

其次，学生需要掌握热传导、热膨胀等热学现象的基本原理。热传导是指热量在固体、液体和气体中传递的过程，而热膨胀则是物体在受热时体积扩大的现象。学生需要理解热传导的机制和影响因素，以及热膨胀的原理和应用。这些知识有助于学生深入了解热学领域的基本概念和原理。

最后，学生需要掌握热力学定律和热力学循环等基本原理。热力学定律包括热力学第一定律和热力学第二定律，它们分别描述了能量守恒和热量转化的规律。学生需要理解这些定律的内容和应用，并能够运用它们解决与热学相关的实际问题。热力学循环则是描述热机工作过程的循环过程，学生需要理解循环过程中能量的转化和效率的计算方法，从而能够分析和设计热机系统。

3. 电磁学类目标

电磁学作为物理学中的重要分支之一，涵盖了电荷、电场、电流、电磁感应等多个核心概念。学生在电磁学学习中的目标不仅是理解这些概念的含义，更重要的是能够理解它们之间的相互关系和应用，以及掌握基本电路原理，从而能够应用于实际生活和工程实践中。

首先，学生需要理解电荷的概念以及电荷之间的相互作用。电荷是描述物质基本属性的物理量，正电荷和负电荷之间存在相互吸引或排斥的力。学生需要理解不同电荷之间的相互作用规律，以及电荷守恒定律对电荷转移的影响。

其次，学生需要理解电场的产生规律和基本特性。电场是由电荷产生的空间中的力场，描述了电荷对周围空间的影响。学生需要理解电场强度的概念、计算方法以及电场线的性质，以便能够分析和解释各种电场现象。

第三，学生需要掌握电流、电压、电阻等基本电路原理。电流是电荷流动的现象，电压是描述电势差的物理量，电阻则是描述物质对电流通过的阻碍程度。学生需要理解欧姆定律和基尔霍夫定律等基本电路原理，能够计算电流、电压和电阻之间的关系，并能够分析和设计简单电路。

最后，学生需要理解电磁感应的原理和应用。电磁感应是指电流产生磁场或磁场引起感应电流的现象，是电磁学中的重要内容。学生需要理解法拉第电磁感应定律和楞次定律等基本原理，以及应用于发电机、变压器等实际设备中。

4. 光学类目标

光学作为物理学中的一个重要分支，涉及光的传播、反射、折射、光的波动和光的粒子性等多个核心概念。学生在光学学习中的目标不仅是理解这些概念的含义，更重要的是能够应用这些知识解释各种光学现象和光学仪器的原理，以及理解光学器件的工作原理。

第一，学生需要理解光的传播规律。光是一种电磁波，具有波动性质，能够在真空和介质中传播。学生需要理解光的传播速度、波长和频率的关系，以及光波的干涉、衍射和偏振等现象。

第二，学生需要理解光的反射和折射规律。光线在与界面相遇时会发生反射和折射现象，遵循反射定律和折射定律。学生需要理解入射角、反射角和折射角之间的关系，以及光在不同介质中传播时的特性。

第三，学生需要理解光的波动性和光的粒子性。光既可以被视作波动，也可以被视作由光子组成的粒子。学生需要理解光的波粒二象性，以及光的波动性和粒子性在不同实验条件下的表现。

第四，学生需要理解光学器件的工作原理和光学仪器的原理。例如，学生需要理解凸透镜和凹透镜的成像规律，以及光栅和衍射光栅的工作原理。同时，学生还需要理解光学仪器如显微镜、望远镜和光谱仪的原理和应用。

5. 声学类目标

声学作为物理学的一个重要分支，研究声音的产生、传播和特性，涉及声波的形成、传播规律以及声音的性质和特点。学生在声学学习中的目标不仅包括理解声音的波动性质和传播规律，还应该能够掌握声音的产生机制、共振现象和衍射效应等基本原理，以全面理解声学领域的知识和应用。

第一，学生需要理解声音的产生机制。声音是由物体的振动引起的机械波，当物体振动时会产生声波，通过介质传播至人耳。学生需要了解不同物体振动产生的声音特征，如强度、频率和波长等，并理解振动物体与产生声音之间的关系。

第二，学生需要理解声音的传播规律。声波是一种机械波，在空气、液体或固体介质中传播。学生需要了解声波的传播速度、频率和波长之间的关系，以及声音在不同介质中的传播特点，如在空气中传播和在水中传播的差异。

第三，学生需要掌握声音的共振现象。共振是指当物体的振动频率与声波的频率相匹配时，会发生共振现象，增强声音的传播和振幅。学生需要理解共振的原理和影响因素，以及共振在声学领域中的应用，如乐器的共振和声学谐振箱的设计原理。

第四，学生需要了解声音的衍射效应。衍射是指声波遇到障碍物或孔径时发生的偏折现象，使声波能够绕过障碍物传播到阴影区域。学生需要理解衍射的原理和条件，以及衍射在声学中的应用，如声音的扩散和声波的传播特性。

（二）科学思维和科学探究目标

科学思维和科学探究目标旨在培养学生的科学思维能力和科学探究技能，使他们能够运用科学方法进行问题解决和实践探究。

1.问题分析目标

问题分析在科学学习中扮演着至关重要的角色，它是培养学生批判性思维和科学探究能力的关键环节。学生需要学会提出具有挑战性和启发性的科学问题，这些问题应该能够引发思考、激发好奇心，并且具有一定的科学背景和意义。

第一，学生需要理解问题的背景和意义。在提出问题之前，学生应该对问题所涉及的领域有一定的了解，并能够清晰地理解问题所处的背景和意义。这意味着学生需要具备丰富的背景知识和科学常识，能够将问题与现实生活或科学研究联系起来，认识到问题的重要性和价值所在。

第二，学生需要学会提出具有挑战性和启发性的科学问题。这些问题应该具有一定的深度和广度，能够引发学生的思考和探究欲望。这种问题可能涉及科学前沿领域、未解决的科学难题或者是与学生日常生活息息相关的现象，能够引发学生的好奇心和求知欲，激发其进一步深入探究的兴趣。

第三，学生需要具备提出问题的能力。这需要学生具备一定的科学素养和批判性思维能力，能够从科学的角度出发，提出合理、具有针对性的问题。同时，学生还应该学会借鉴科学方法和思维模式，从不同角度对问题进行分析和思考，确保问题的提出能够符合科学规律和逻辑推理的要求。

2. 实验设计目标

实验设计是科学学习中的关键环节，它不仅能够帮助学生深入理解科学原理，还可以培养其科学探究和实践能力。学生需要学会设计合理的实验方案，其中包括确定实验的目的、制定实验步骤、选择实验材料和仪器等方面。

第一，学生需要理解实验的目的。在设计实验方案之前，学生应该明确实验的目的和预期的结果。这意味着学生需要对所要研究的科学现象或问题有一个清晰的认识，并能够明确实验的目标是什么，以及预期的实验结果是什么。只有明确了实验的目的，学生才能够有针对性地设计实验方案，确保实验的进行能够有效地达到预期的目标。

第二，学生需要制定实验步骤。在确定了实验的目的之后，学生需要根据实验的特点和要求，制定详细的实验步骤。这包括确定实验的操作步骤、所需的材料和仪器、实验的时间和地点等方面。实验步骤应该具有一定的逻辑性和连贯性，确保实验的进行能够按照既定的计划进行，不出现意外或混乱的情况。

第三，学生还需要选择合适的实验材料和仪器。在设计实验方案时，学生应该根据实验的要求和目的，选择适当的实验材料和仪器。这些材料和仪器应该能够满足实验的需求，确保实验的进行能够得到准确、可靠的数据和结果。同时，学生还应该了解实验材料和仪器的使用方法和注意事项，确保能够正确地进行实验操作。

3. 数据收集和分析目标

数据收集和分析是科学实验中至关重要的一环，它不仅是对实验结果进行验证和验证的手段，还能够帮助学生发现规律、探索问题、得出结论。学生需要学会进行实验数据的收集和整理，并对数据进行准确和全面的分析和解释，从中提取有意义的信息和结论。

首先，学生需要学会进行实验数据的收集和整理。在实验进行过程中，学生应该使用适当的方法和工具，收集实验数据，并将其整理成可分析的形式。这包括记录实验过程中的观察数据、测量数据和其他相关信息，并将其整理成表格、图表或图像等形式，以便后续的分析和解释。数据的收集和整理应该尽可能地准确和全面，确保实验结果的可信度和可靠性。

其次，学生需要对数据进行准确和全面的分析和解释。在收集和整理了实验数据之后，学生应该运用适当的统计方法和分析工具，对数据进行深入分析和解释。这包括计算数据的平均值、标准差和相关系数等统计指标，进行数据的图表分析和趋势分析，从中发现数据的规律和特点。同时，学生还应该结合实验的目的和背景，对数据进行合理的解释和推断，得出科学结论和结论。

4.结果验证和修正目标

结果验证和修正是科学实验和研究过程中至关重要的一环，它有助于确保实验结果的可靠性和准确性，并促进实验方案的改进和优化。学生需要学会验证实验结果的可靠性，并能够根据验证结果对实验方案进行修正和改进。

首先，学生需要学会验证实验结果的可靠性。在进行科学实验或研究时，学生应该采用适当的方法和工具，对实验结果进行验证和检验，以确保其准确性和可靠性。这包括对实验数据的重复实验和重复测量，对实验条件和操作方法的控制和检验，以及对实验结果的比较和分析等。通过验证实验结果，学生可以发现实验中可能存在的误差和偏差，及时进行修正和改进。

其次，学生需要根据验证结果对实验方案进行修正和改进。在验证实验结果的基础上，学生应该分析实验中可能存在的问题和不足之处，并提出相应的改进和优化建议。这包括修改实验设计和操作流程，调整实验条件和参数，优化实验仪器和材料等。通过对实验方案的修正和改进，学生可以提高实验的准确性和可重复性，促进科学研究的进展和发展。

总的来说，结果验证和修正目标是培养学生科学实验和研究能力的重要环节。通过学习和实践，学生不仅能够验证实验结果的可靠性，还能够根据验证结果对实验方案进行修正和改进，提高实验的准确性和可靠性，促进科学研究的进展和发展。

（三）科学态度与责任目标

科学态度与责任目标旨在培养学生积极的科学态度和社会责任感，使他们成为具有社会责任感的科学公民。

1.科学兴趣和好奇心目标

（1）激发学生的好奇心

激发学生的好奇心是培养其科学兴趣和探索欲望的重要途径之一。为了实现这一目标，教育者需要设计引人入胜、富有趣味性的教学内容和活动，以吸引学生的注意力，引导他们积极参与学习并主动探索科学世界的奥秘。

在教学实践中，教育者可以采用多种方法来激发学生的好奇心。第一，利用生动的案例和故事，将抽象的科学概念与学生日常生活中的经验联系起来，引发他们的思考和好奇心。例如，通过讲述一些与学生生活密切相关的奇特现象或有趣的科学故事，如为什么天空是蓝色的、为什么彩虹会出现等，可以引起学生的兴趣和好奇心，激发他们对科学知识的探索欲望。

第二，设计有趣的实验和科学活动也是激发学生好奇心的有效方式。通过让学生亲身参与实验操作和观察现象，让他们通过实践来发现科学规律和原理，从而激发其对科学的兴趣和好奇心。例如，可以设计一些简单但富有趣味性的实验，如水中的火焰实验、气球充气实验等，让学生亲自动手进行实验操作，从而引发他们对科学的探索和思考。

第三，解释科学背后的奥秘也是激发学生好奇心的重要途径。教师可以通过讲解科学原理和规律，揭示事物背后的科学道理，引导学生思考为什么会出现这样的现象，从而激发其对科学知识的探索欲望。例如，可以通过解释日常生活中常见现象的科学原理，如光的折射、声音的传播等，让学生了解到科学知识的应用和意义，从而激发他们的好奇心和求知欲。

（2）提供多样化的学习资源

为了促进学生的全面发展和满足其不同的学习需求和兴趣，教师应提供丰富多样的学习资源。这些资源可以包括书籍、科普杂志、网络资源等，通过多样化的学习资源，学生可以接触到更广泛的科学知识和领域，从而激发他们对科学的兴趣和好奇心。

第一，书籍是学生获取科学知识的重要途径之一。教师可以提供各种级别和类型的科学书籍，涵盖不同主题和领域，以满足学生的学习需求和兴趣。例如，对于初学者，可以提供通俗易懂的科普读物，介绍基础科学概念和原理；对于对特定领域感兴趣的学生，可以提供深入的专业书籍，深化其对该领域的了解和掌握。

第二，科普杂志是学生获取科学知识和了解最新科学进展的重要渠道之一。教师可以推荐学生阅读一些知名的科普杂志，如《科学美国人》《自然》等，让他们了解到最新的科学研究成果和科技发展动态，激发其对科学的兴趣和热情。

第三，网络资源也是学生获取科学知识的重要来源之一。教师可以引导学生利用互联网搜索引擎、在线学习平台等资源，寻找和浏览与自己兴趣相关的科学文章、视频、课程等内容。通过网络资源，学生可以随时随地获取到丰富多样的科学资料，拓展其科学视野和知识面，激发其对科学的兴趣和好奇心。

（3）鼓励自主学习和探索

教师在教学实践中应该积极鼓励学生进行自主学习和探索，以培养其主动探索和发现的能力。这种自主学习和探索的方式可以通过开展科学实验、参与课外科研项目等活动来实现，从而激发学生的好奇心和探索欲望，提高其科学素养和能力。

第一，教师可以组织学生参与科学实验活动。科学实验是学生探索科学世界的重要途径之一，通过亲身参与实验操作和观察现象，学生可以积极探索科学规律和原理，培养其科学思维和实践能力。例如，教师可以设计一些简单但富有趣味性的实验，让学生动手操作、观察结果，从中体会科学的乐趣和成就感。

第二，教师可以鼓励学生参与课外科研项目。通过参与科研项目，学生可以深入研究感兴趣的科学问题，提出问题、设计实验、收集数据、分析结果，并最终得出结论。这种实践性的科研活动不仅可以拓展学生的科学视野，还可以培养其解决问题和创新思维的能力。例如，教师可以组织学生参加学校科研竞赛、科技创新项目等活动，让他们在实践中体验科学研究的乐趣和挑战。

第三，教师还可以提供必要的指导和支持，鼓励学生自主选择感兴趣的科学课题，并给予适当的指导和建议，帮助他们顺利开展科研活动。通过这种方式，学生可以在自主学习和探索中不断提高自己的科学素养和能力，培养其独立思考和创新精神，从而为未来的学习和科研奠定坚实的基础。

2. 科学尊重和诚信目标

（1）强调科学知识的权威性

教师应强调科学知识的权威性和可靠性，引导学生尊重科学知识和科学方法。通过介绍科学史上的经典实验和重要科学发现，以及科学家们的贡献和成就，向学生展示科学的价值和威望，从而树立学生对科学的尊重和信任。

（2）培养科学诚信和正直

教师应培养学生的科学诚信和正直，教育他们诚实地对待科学实验和研究，严格遵守科学研究的伦理规范和学术规范。通过教育学生正确处理科学数据和实验结果、遵循科学实验的操作规程和安全要求，以及诚实地报道科学研究成果和发现，培养学生的科学诚信和正直。

（3）提倡学术尊重和合作

教师应提倡学术尊重和合作精神，鼓励学生尊重他人的学术成就和贡献，乐于与他人合作交流，共同推动科学研究和实践的发展。通过组织学术交流会、学术讨论等活动，让学生有机会与他人分享自己的科研成果和想法，同时也能够借鉴他人的经验和观点，培养学生的学术尊重和合作意识。

3. 社会责任感和参与度目标

（1）强调科学研究的社会意义

教师应强调科学研究和实践对社会的重要意义和作用，引导学生认识到科学研究和实践对社会的贡献和影响。通过介绍科学技术在改善人类生活、促进社会进步和解决社会问题方面的应用，让学生了解到科学研究和实践的社会价值和意义，激发他们对科学的兴趣和责任感。

（2）鼓励积极参与社会实践活动

教师应鼓励学生积极参与社会实践活动，培养他们的社会责任感和参与度。通过组织学生参与环保、公益活动等社会实践项目，让学生亲身体验社会问题，并思考如何通过科学研究和实践来解决社会问题，从而培养他们的社会责任感和参与度。

（3）培养科学公民意识

教师应培养学生具有科学公民意识，使他们能够认识到自己作为科学公民的责任和义务，积极参与社会科学事务，为社会的可持续发展和进步做出贡献。通过引导学生了解科学政策、关注科学新闻、参与公众科学活动等方式，培养学生的科学公民意识，使他们成为具有社会责任感的科学公民。

第二节　课程设计原则与指导思想

一、课程设计的基本原则

（一）因材施教

1. 学生差异化的认知需求

因材施教体现了对学生差异化认知需求的重视。学生在认知水平、学习能力、兴趣爱好等方面存在差异，因此，教学内容和方法应当因人而异，以满足不同学生的学习需求。教师需要通过课前调查、个别辅导等方式了解学生的个体差异，有针对性地设计教学内容和活动，使每个学生都能够在适合自己的学习环境中获得有效的学习体验。

2. 个性化的教学策略

因材施教要求教师采取个性化的教学策略，根据学生的学习特点和需求进行差异化教学。例如，对于学习能力较强的学生，可以提供更深入的拓展内容和具有挑战性的问题，以激发其求知欲和学习动力；而对于学习能力较弱或兴趣不大的学生，则可以采取更具趣味性和生动性的教学方式，如游戏化学习、实践探究等，以增强其学习的主动性和积极性。

3. 激发学生的学习动力

因材施教的核心目的在于激发学生的学习动力和兴趣。通过个性化的教学设计，教师可以更好地调动学生的学习积极性，使他们更愿意参与课堂活动，更主动地探索和思考问题，从而提高学习效果。因此，教学目标的设定、教学内容的选择、教学方法的运用等都应考虑到学生的个体差异，以实现因材施教的教学效果。

（二）循序渐进

1. 渐进式知识构建

循序渐进的课程设计原则体现了知识教学的渐进式构建过程。教师需要合理安排教学内容的顺序和深度，让学生从易到难、由浅入深地逐步掌握物理学知识体系。通过循序渐进的教学设计，可以帮助学生建立起扎实的知识基础，形成系统的学习结构，提高学习效率。

2. 递进式学习任务

循序渐进要求教师设计递进式的学习任务，引导学生逐步提升学习水平。教学活动应当按照学习任务的复杂程度和难度逐步展开，让学生从简单到复杂、从具体到抽象地完成学习任务。这样可以有效避免学生因学习难度过大而产生挫折感，提高学习的连续性和积极性。

3. 过程的阶段性设计

循序渐进还要求教师对教学过程进行阶段性设计，确保学生在每个阶段都能够达到预期的学习目标。教师应当及时对学生的学习情况进行评估和反馈，根据学生的反馈情况调整教学方法和内容，确保学习过程的顺利进行。通过循序渐进的教学设计，可以最大限度地提高学生的学习效果和成绩。

（三）注重实践

1. 操作的必要性

注重实践是因为物理学作为一门实验性科学，理论与实践密不可分。通过实践操作，学生能够直观地感受物理学原理，巩固所学知识，培养动手能力和实验技能。实践操作还能激发学生的兴趣，增强他们的学习体验，使抽象的理论变得具体可见，更易于理解和记忆。

2. 操作的设计原则

在设计实践操作时，教师需要考虑到实验的安全性、可操作性和实用性。实验内容应与课程紧密结合，突出重点和难点，体现物理学原理的具体应用。同时，实验设计要具有一定的开放性，鼓励学生提出问题、设计实验方案、分析数据和得出结论，培养他们的科学探究能力和创新思维。

3. 操作的开展方式

实践操作可以通过课堂实验、实验室实践、校外科研等形式进行。在课堂实验中，教师可以设计生动有趣的实验，引导学生积极参与，提出问题、做出预测、进行观察和记录数据，从而加深对物理学原理的理解。在实验室实践中，学生可以通过自主设计实验方案、收集数据和分析结果，培养科学思维和实验技能。此外，校外科研活动还能拓展学生的视野，培养他们独立思考和解决问题的能力，提高他们的科学素养和竞争力。

（四）灵活多样

1. 方法的多样性

灵活多样要求教师采用多种教学方法和手段，以适应不同学生的学习需求和方式。除了传统的讲授和板书外，还可以结合讨论、问题解决、案例分析、角色扮演、小组合作等教学方法，创设丰富多彩的教学场景，提供多样化的学习体验。这样可以激发学生的学习兴趣，增强他们的参与度和主动性。

2. 资源的多样性

灵活多样还要求教师提供丰富多样的教学资源，包括教材、多媒体资料、网络资源、科普读物等。通过多样化的教学资源，学生可以接触到更广泛的知识和信息，开拓视野，丰富学习内容，激发学习兴趣。此外，教师还可以根据教学内容和学生需求选择适当的资源，个性化地设计教学活动，提高教学效果。

3. 活动的多样性

灵活多样要求教师设计多样化的学习活动，以满足学生的不同学习需求和兴趣。除了课堂讲授和实验操作外，还可以组织讨论会、小组合作、项目研究、科普讲座等学习活动，让学生在不同的场景中展现自己的才华和创造力，实现全面发展。

二、指导思想对课程设计的影响

（一）启发式教学思想

1. 学生主体性和自主性

启发式教学思想强调以学生为中心，注重激发学生的主体性和自主性。在课程设计中，这意味着教师应该尊重学生的个性差异和学习需求，充分考虑到他们的兴趣、能力和背景。通过设立具有挑战性和启发性的问题，引导学生积极参与学习过程，激发他们的学习兴趣和动力，培养其自主学习和探究的能力。

2. 探究和发现式学习

启发式教学强调学生通过自主探究和发现来构建知识结构和解决问题的能力。在课程设计中，教师可以设计一系列开放性的学习任务和探究性的实践活动，鼓励学生通过实践操作、案例分析、小组讨论等方式，探索和发现知识的奥秘，培养其批判性思维和创新能力。

3. 合作与交流

启发式教学注重学生之间的合作与交流，强调通过与同学、教师和社会的互动，促进知识的共享和交流。在课程设计中，教师可以组织学生进行小组合作、对话讨论、案例分析等活动，促进学生之间的思想碰撞和知识交流，培养其团队合作和沟通能力。

（二）问题导向教学思想

1. 问题意识和解决问题的能力

问题导向教学思想强调通过提出问题和解决问题来推动学生的学习。在课程设计中，教师应该设定具有挑战性和启发性的问题，激发学生的思维和探究欲望，引导他们积极参与问题的分析和解决过程。通过解决实际问题，学生不仅能够深入理解物理学原理，还能够培养其批判性思维和解决问题的能力。

2. 学科和综合性学习

问题导向教学强调跨学科和综合性学习，要求学生在解决问题的过程中，运用多学科知识和方法，形成全面发展的学习态度和能力。在课程设计中，教师可以设置跨学科的问题，引导学生综合运用物理学、数学、化学、生物等学科知识，解决复杂的实际问题，培养其综合分析和创新应用能力。

3. 实践和应用能力的培养

问题导向教学注重学生的实践和应用能力，要求他们能够将理论知识应用于实际问题的解决中。在课程设计中，教师可以设计一系列实践性的学习任务和项目，让学生通过实际操作和实验探究，解决具体问题，培养其动手能力和实践技能，提高其应用物理学知识解决实际问题的能力。

（三）个性化教学思想

1. 个性化学习和差异化教学

个性化教学思想强调每个学生的独特性和个性化学习需求，要求教师根据学生的兴趣、能力和学习风格，差异化地设计教学内容和活动。在课程设计中，教师应该采用多样化的教学方法和手段，满足学生不同的学习需求和方式，让每个学生都能够在学习中找到自己的位置和价值，实现个性化发展。

2. 学生自主学习和自我管理能力

个性化教学强调学生的自主学习和自我管理能力，要求他们能够自主规划学习目标、制定学习计划、选择学习策略，并能够独立进行学习和评价学习效果。在课程设计中，教师应该鼓励学生参与课程设计和评价，培养其学习的主体性和责任感，提高其学习动力和积极性。

3. 个性化评价和反馈

个性化教学要求教师根据学生的个性化学习需求和表现情况，提供个性化的评价和反馈，及时发现和解决学生的学习困难和问题。在课程设计中，教师可以采用多种评价方式和工具，如作业、测验、项目评价、学习日志等，全面了解学生的学习情况，为其提供个性化的指导和帮助，促进其全面发展和提高学习效果。

第三节　内容体系构建的关键要素

一、知识点梳理和归纳

（一）明确知识点

1. 物理学科的广泛性质

物理学是自然科学的基础学科之一，涉及广泛的范畴，包括了力学、热学、电磁学、光学、现代物理等多个领域。因此，在构建高中物理课程的内容体系时，需要明确每个知识点所属的领域，以及其在整个学科体系中的地位和作用。这有助于学生理解物理学的整体架构，形成全面的学科认知。

2. 核心概念和基本原理

高中物理课程的核心是一系列基本概念和基本原理，如牛顿力学的三大定律、热力学的热量和温度、电磁学的电荷和电场等。这些核心概念和原理是学生理解和掌握物理学知识的基础，因此需要在课程设计中给予重点强调和讲解。同时，教师还需要解释这些概念和原理的实际意义和应用，以帮助学生建立起对物理学的直观认识。

3. 典型例题和应用场景

为了帮助学生更好地理解和应用所学知识，课程设计中还需要包含一系列典型例题和应用场景。这些例题和场景可以覆盖各个知识点，涉及不同难度和类型，既有基础题目，也有拓展题目，以满足不同层次学生的学习需求。通过解析这些例题和场景，学生可以加深对知识的理解，掌握解题方法和技巧，提高解决问题的能力。

（二）知识点的分类和组织

1. 领域划分和模块设置

为了使知识体系更加清晰和系统，教师可以将物理学的各个领域进行划分，并设置相应的模块。例如，可以按照力学、热学、电磁学、光学等领域来划分模块，然后在每个模块中进一步细分具体的知识点。这样的分类和组织有助于学生对知识的整体把握和系统学习，提高学习效率。

2. 知识点的内在联系和衔接

在分类和组织知识点时，还需要关注不同知识点之间的内在联系和衔接关系。这些联系和关系可以是逻辑上的、实践上的，也可以是概念上的。例如，在力学中，牛顿力学的三大定律之间存在着逻辑上的内在联系，可以相互推导和应用；在电磁学中，电场和电荷之间的关系是概念上的衔接，理解电荷的概念有助于理解电场的产生和性质。

3. 知识点的深度和广度

在分类和组织知识点时，还需要考虑知识点的深度和广度。深度指的是对知识点的深入挖掘和理解，广度指的是知识点的扩展和拓展。教师可以根据学生的学习需求和能力水平，合理设置知识点的深度和广度，既要保证学生掌握基础知识，又要培养其综合运用能力和创新意识。

（三）知识点的衔接和延伸

1. 知识点的递进和连贯性

在教学过程中，要注重知识点之间的递进和连贯性。这意味着后续的知识点应该建立在前面知识点的基础上，形成一个逻辑顺序，使学生能够循序渐进地掌握知识。例如，在力学中，学生首先需要理解牛顿力学的基本概念和定律，然后才能深入学习动量守恒定律和能量守恒定律，形成一个由简到难、由表及里的学习路径。

2. 知识点的扩展和应用

除了建立知识点之间的逻辑关系外，还应该注重知识点的扩展和应用。这意味着教师需要引导学生将所学知识应用到实际问题中，解决真实的情境和挑战。例如，在电磁学中，学生可以通过学习安培定律和法拉第电磁感应定律，探究电动机和发电机的工作原理，从而加深对电磁学原理的理解，并拓展到电力工程等应用领域。

3. 知识点的交叉和整合

在课程设计中，还应该注意不同知识点之间的交叉和整合。这意味着不同领域的知识点之间存在着相互关联和相互作用，教师可以通过跨学科的教学方式，促进知识点的交叉融合。例如，在热学和力学领域，可以通过热力学定律和热力学过程的学习，探讨热力学在机械运动中的应用，如热机效率和热力学循环等，从而形成多学科交叉的学习模式。

二、知识结构的逻辑关系和层次关系

（一）知识结构的逻辑关系

构建高中物理课程的知识体系必须考虑知识点之间的逻辑关系，以确立它们之间的依存关系和联系，有助于学生理解物理知识的内在逻辑，形成系统性的学习框架。

在力学领域，牛顿三大运动定律是构建整个力学体系的基石。第一定律规定了物体的匀速直线运动和静止状态；第二定律描述了力与物体的加速度之间的关系；第三定律阐述了物体间相互作用力的特性。这些定律为后续的运动学、动力学内容奠定了基础，如通过牛顿第二定律推导得到动量守恒定律和动能定理等。

在热学领域，热力学定律是研究热现象的基础。热力学定律包括热力学第一定律（能量守恒定律）、热力学第二定律（热力学方向性定律）等。这些定律为后续的热力学过程、热传导、热工作等内容提供了理论支持，如通过热力学第一定律推导热量转化和功的关系。

在电磁学领域，电场和电荷的关系是理解电磁现象的前提。安培定律和法拉第电磁感应定律则是电磁学的基本原理。这些基础概念和定律为后续的静电场、静磁场、电磁感应等内容提供了理论基础，如通过安培定律推导磁场中的电流和磁场的产生。

（二）知识结构的层次关系

在构建知识结构时，还需考虑知识点的层次关系，即将知识点按照难易程度和重要程度进行分层排列，使学生能够逐步建立起完整的物理知识体系，由浅入深地掌握物理知识。

在力学中，从简单的一维运动开始，逐步引入二维和三维运动，让学生逐步理解和掌握；在热学中，从热力学基本概念开始，逐步引入热力学过程和热力学定律，帮助学生逐步掌握热学的基本原理和方法；在电磁学中，从静电场开始，逐步引入静磁场和电磁感应，让学生逐步理解和掌握电磁学的基础概念和定律。

（三）知识结构的巩固和拓展

在构建知识结构时，还需考虑如何巩固已有知识，并拓展学生的知识视野。这包括及时复习和强化基础知识，以及引入一些前沿领域的内容，激发学生的兴趣和探索欲望。

在力学中，可以通过大量的练习题和案例分析来巩固学生对牛顿定律的理解，并引入一些应用实例，如行星运动、天体力学等，拓展学生的知识面；在电磁学中，可以通过相关实验和科普材料，介绍一些电磁学在现代科技中的应用和发展，激发学生的兴趣和创新意识。例如，可以探讨电磁感应在发电机和变压器中的应用，电磁波在通信和医疗领域的应用等，让学生了解物理知识在实际生活和科技领域中的重要性。

三、重点、难点和热点内容的优化

（一）确定重点内容

在构建高中物理内容体系时，确定重点内容是确保学生掌握核心概念和基础知识的关键。这些重点内容承载着整个物理学的基础，对于学生建立牢固的物理学基础和理解整个知识体系至关重要。

1. 力学领域

在物理学的领域中，力学是一个基础而又重要的分支，它涉及了诸多基本概念和定律，其中包括牛顿运动定律、动量守恒定律和万有引力定律等。这些定律不仅仅是力学领域的基础，而且贯穿了整个物理学的发展，对于理解物体的运动和相互作用具有至关重要的意义。

第一，牛顿运动定律是力学中最基础也是最为重要的定律之一。它由英国物理学家艾萨克·牛顿在17世纪提出，描述了物体在外力作用下的运动状态。第一定律指出，物体将保持匀速直线运动或静止状态，除非受到外力的作用；第二定律则描述了物体的运动状态如何随着力的大小和方向而改变，表达了力和加速度之间的关系；第三定律则说明了作用力和反作用力之间的相互作用关系，即每个作用力都有一个相等大小、方向相反的反作用力。

第二，动量守恒定律是力学中的另一个重要概念。它表明，在一个封闭系统中，如果没有外部力的作用，系统的总动量将保持不变。这意味着，当一个物体受到另一个物体的作用力时，它们之间的动量变化量将相互抵消，总动量保持不变。动量守恒定律在碰撞、爆炸等过程中有着广泛的应用，是解决许多实际问题的重要工具。

第三，万有引力定律由牛顿在17世纪提出，描述了两个物体之间的引力作用。根据这个定律，任何两个物体之间都存在引力，其大小与它们的质量成正比，与它们之间的距离的平方成反比。这个定律解释了行星绕太阳运动、月球绕地球运动等天体运动现象，是天体力学的基础。

2.热学领域

热学是物理学中的重要分支，涉及热量与能量之间的转换、热传导、热膨胀、热力学循环等基本概念和定律。这些概念和定律构成了热学的基础，为理解和解释各种与热相关的现象提供了理论框架。

第一，热力学基本概念和定律是热学的基石。其中包括热量、温度、热容等基本概念，以及热力学定律，如热传导定律、热膨胀定律等。热力学定律描述了热量在物体中传递和转换的规律，是热学研究的基础。

第二，热传导是热学领域的重要内容之一。热传导是指热量通过物质内部的传递过程，它遵循着热传导定律，即热量传导速率正比于温度梯度的负值，这一定律描述了物质内部热量传递的规律，对于理解物体的热传导过程至关重要。

第三，热膨胀也是热学领域的重要内容之一。热膨胀是指物体在受热作用下体积增大的现象，它遵循着热膨胀定律，即物体的体积变化量与温度变化量成正比。热膨胀定律描述了物体在受热时的体积变化规律，对于工程领域和日常生活中的实际应用具有重要意义。

第四，热力学循环是热学领域的另一个重要内容。热力学循环描述了热量从高温热源到低温热源的传递过程，以及通过热机或热泵实现能量转化的过程。热力学循环理论是热能利用和能源转化的基础，对于工业生产和能源领域具有重要意义。

3.电磁学领域

电磁学是物理学中的重要分支，涵盖了电场、电势、电流等基础概念，这些概念构成了电磁学的基础，为理解和解释各种与电磁现象相关的现象提供了理论框架。

首先，电场是电磁学的核心概念之一。电场是指在空间中存在的电力作用的场，它描述了电荷之间相互作用的规律。学生需要理解电场的概念以及电荷在电场中的运动规律，这对于理解电路、静电场等问题至关重要。

其次，电势是电磁学中的另一个重要概念。电势是描述电场中电荷势能的物理量，它是衡量电场强度的重要参数。学生需要理解电势的概念以及电势在电场中的分布规律，这对于理解电场中电荷受力和电场能量转换等问题具有重要意义。

第三，电流也是电磁学的基础概念之一。电流是电荷在导体中流动的现象，它是电路中能量传输的载体。学生需要理解电流的概念以及电流在电路中的分布和流动规律，这对于理解电路中的电阻、电容、电感等元件的作用至关重要。

除了这些基础概念外，学生还需要掌握电磁学的基本原理，包括库仑定律、安培环路定律、法拉第电磁感应定律等。这些定律描述了电磁场中电荷和电流之间的相互作用规律，是电磁学的基础。

（二）解决难点问题

除了确定重点内容外，解决课程中的难点问题也是至关重要的。这些难点问题通常是学生容易混淆或理解困难的部分，需要采取针对性的教学策略来加以解决。

1.力学中的惯性系和非惯性系

惯性系和非惯性系是力学中的重要概念，但常常让学生感到困惑。为了帮助他们理解这些概念，教师可以采用多种教学策略，包括生活中的例子、思维导图和巩固练习等方式。

首先，让我们来理解惯性系和非惯性系的含义。惯性系是指相对于该系中的物体，牛顿运动定律成立的参考系。在惯性系中，物体如果没有受到外力作用，将保持匀速直线运动或静止状态。而非惯性系则是相对于非惯性力为零的参考系，其中非惯性力是指相对于惯性系的加速度产生的虚拟力。

生活中的例子可以帮助学生理解惯性系和非惯性系的区别。例如，假设一个人站在火车上，对于站在火车上的人来说，车厢是一个惯性系，他相对于车厢是静止的；而对于站在路边的人来说，火车是在运动的，他会观察到站在火车上的人在做着匀速直线运动。这个例子可以帮助学生理解相对运动的概念，从而理解惯性系和非惯性系的区别。

另一种教学策略是引导学生进行思维导图。通过绘制惯性系和非惯性系的图示，以及标注相对运动的方向和速度，可以帮助学生更直观地理解这些概念之间的关系。

最后，进行巩固练习是加深学生印象的重要途径。教师可以设计一些与惯性系和非惯性系相关的练习题，让学生通过解题来巩固所学的知识，并检验其理解程度。

2.电磁学中的电磁感应和电磁波

电磁感应和电磁波是电磁学领域中的重要概念，但常常让学生感到困惑，因为它们涉及较为抽象的理论。为了帮助学生理解和掌握这些内容，教师可以采用实验演示、模拟仿真等方式来直观展示，从而增强学生的理解和学习效果。

第一，让我们来理解电磁感应的概念。电磁感应是指通过磁场的变化而产生电场或通过电场的变化而产生磁场的现象。一个经过变化的磁场可以引起电流的产生，这就是电磁感应现象。例如，当一个导体在磁场中运动或者磁场的强度发生变化时，会在导体中产生感应电流。通过实验演示，可以利用导体环绕磁铁并改变磁铁位置或磁场强度的方式，观察到感应电流的产生，从而直观地展示电磁感应的原理。

第二，探讨电磁波的概念。电磁波是由变化的电场和磁场相互作用而产生的波动现象，可以在真空中传播，并且速度等于光速。电磁波具有电场和磁场的振荡，具有一定的频率和波长。其中，最著名的电磁波就是光波，是人类生活中重要的一种能量传播形式。通过模拟仿真，可以展示电磁波的传播特性和波动规律，让学生直观地理解电磁波的本质和特点。

通过实验演示和模拟仿真，学生可以直观地观察和体验电磁感应和电磁波的现象，加深对这些概念的理解和掌握。同时，教师还可以引导学生进行相关的讨论和思考，从而进一步加深他们对电磁学原理的理解，并激发他们对科学研究的兴趣和探索欲望。

（三）关注热点问题

在物理课程中，重点关注热点问题可以激发学生的学习兴趣，增强他们的好奇心，提高学习动力。

1. 介绍热点问题

热点问题是指当前物理学领域的前沿议题和最新进展，涉及一系列引人入胜的话题，包括但不限于量子物理、宇宙学和纳米技术等。这些领域的研究都在不断地推动物理学知识的发展，拓展了人类对自然界的认识，同时也对科学技术和社会生活产生了深远的影响。

量子物理作为物理学中的一个重要分支，探讨了微观世界中微粒的行为，涉及诸如量子力学、量子纠缠、量子计算等概念。量子物理的发展不仅深化了我们对微观世界的理解，还引发了许多重要的技术和应用，如量子通信、量子计算机等，这些领域都成了当前物理学研究的热点之一。

另一个热点领域是宇宙学，它研究的是整个宇宙的起源、结构和演化规律。宇宙学的研究涉及宇宙大爆炸、黑洞、暗能量等诸多神秘现象，吸引着科学家们的关注和探索。通过宇宙学的研究，人类不仅可以了解到宇宙的宏伟壮丽，还可以深入探讨宇宙的未来发展趋势，这对于我们理解宇宙的本质和未来命运具有重要意义。

纳米技术也是当前物理学研究的热点之一。纳米技术是一种通过控制和操作原子和分子级别的结构来实现材料和器件的制备和应用的技术，具有广泛的应用前景。纳米技术已经在材料科学、医学、能源等领域取得了重要突破，为人类社会带来了许多新的科技和产品，成了当今世界科技发展的一个重要方向。

2. 科学家的研究成果

了解相关科学家的研究成果是理解热点问题的关键途径之一，因为科学家的贡献和理论成果直接影响着我们对于物理学领域的认识和理解。以下是对一些重要科学家及其研究成果的简要介绍。

量子力学领域的著名科学家包括海森堡、薛定谔和玻尔等。海森堡提出了著名的不确定性原理，揭示了微观粒子运动的基本规律，为量子力学的发展奠定了基础。薛定谔提出了波动力学理论，解释了微观粒子的波粒二象性，提出了著名的薛定谔方程，为量子力学的形成和发展做出了重要贡献。而玻尔则建立了原子结构的量子理论，提出了玻尔模型，解释了氢原子光谱线的谱线分布规律，为量子力学的发展奠定了重要基础。

在宇宙学领域，霍金和彭斯等科学家的研究成果备受瞩目。霍金提出了霍金辐射理论，揭示了黑洞不是完全黑体，会发出热辐射的现象，从而对黑洞的热力学性质做出了重要贡献。他的《时间简史》一书更是将宇宙学的复杂理论深入浅出地呈现给了大众。而彭斯则是宇宙学领域的重要学者之一，他提出了宇宙膨胀理论，认为宇宙是以加速度膨胀的，这一理论被后来的观测结果所证实，成为宇宙学研究的重要基础之一。

除了以上提到的科学家外，还有许多其他的重要科学家，他们的研究成果也对物理学领域的发展产生了重要影响。通过了解这些科学家的研究成果，学生可以更深入地理解热点问题背后的理论基础和科学原理，从而更好地掌握物理学知识，拓展自己的学术视野，激发对科学研究的兴趣和热情。

3. 实验和应用场景展示

除了介绍科学家的研究成果外，展示相关实验和应用场景也是吸引学生注意力的重要方式。通过实验和应用场景的展示，学生可以更直观地理解物理理论，加深对知识的理解和记忆，并将理论知识与实际应用联系起来。

在量子力学领域，双缝实验是一个经典的实验，可以通过模拟实验或实物展示来演示。学生可以亲身参与双缝实验的模拟，观察电子或光子在经过双缝时的干涉现象，从而直观地感受到量子粒子的波粒二象性。这种实验可以帮助学生理解量子力学中的基本概念，如波粒二象性、不确定性原理等，激发其对量子世界的好奇心和探索欲望。

另外，纳米技术在材料科学、生物医学等领域的应用也是一个热门话题。通过展示纳米材料的特殊性质和应用场景，如纳米材料在制备高性能传感器、医学影像、药物输送等方面的应用，可以让学生了解到纳米技术的潜在应用前景和社会影响。学生可以通过实验室实践或参观工业生产线等方式，深入了解纳米技术的工作原理和实际应用，从而增强对纳米技术的理解和认识。

通过实验和应用场景的展示，学生不仅可以在理论上理解物理学知识，还可以通过亲身体验和实践活动加深对知识的理解和记忆。这种直观的学习方式能够增强学生的学习体验，激发其学习兴趣，提高学习效果。因此，实验和应用场景的展示在物理教学中具有重要的意义，应得到教师和学生的重视和支持。

第四章 高中物理教学方法与评价策略

第一节 激发学生学习兴趣的教学方法

一、情境教学的运用

（一）情境教学的原则

在实践教学中，丰富的"情境供应"是极其重要的，但并不是没有原则的。"情境"不但应该能够呈现生活中的现象，保留自然和社会生活的多样性复杂性，还应该是整合后不同编码的重组。这就要求教师在情境创设时注意以下四点。

1. 目的性教学

（1）教学目的的重要性

目的是教育工作的指向标，明确的教育目标是实施良好教育的基础，学生正是基于一定的目的而学习的。布鲁姆指出："有效的教学始于希望达到的目标是什么。"因此，无论是在教育学领域还是整个社会学范围内，目的性情境都被视为重要指标。学习物理的目的是提高学生的科学素养，而核心素养的概念已经被引入到教育改革中。长期以来，学校仅仅重视课堂知识的传授，导致师生们将学习看作是为了获得更高的分数而不断努力。然而，学生上学不仅仅是为了考试。正确的学校培养方向应该使教育不流于随意，而是具有针对性的。教师应该首要考虑教育的目的性，也就是如何培养学生的科学素养。

（2）情境教学的重要性

物理教学必须善于使用创设情境的方法，通过不同的情境使学生从不同的活动、不同的角度、不同的体验中丰富他们的知识、能力，并培养出坚韧不拔的探究精神。素养的培养并不仅限于科学素养，还包括人文素养、审美素养等。

这些素养都可以通过情境教学得到发展。情境的创设是为了激发学生的探究兴趣，使他们体验到科学在生活中的应用。而优美的情境应该是能够调动起学生探究知识的兴趣，而不仅仅是让学生游玩。例如，在讲解密度的情境中，一个良好的情境创设可以是展示一块大理石石碑，引导学生思考如何测量其质量。这样的情境创设对于后续的课堂教学有着积极的作用，能够更好地突破本节课的重难点知识。

（3）教学情境的设计原则

教学情境的创设不应该只停留在表面，而应该是能够发挥学生想象力的情境，易于学生学习的情境。一节优秀的物理课，其情境的创设应该是有意义、有目的的。在设计情境时，教师需要考虑到如何引导学生对知识进行深入的思考和探究，而不是仅仅让学生完成简单的操作。情境的设计应该能够激发学生的好奇心和求知欲，使他们能够积极主动地参与到学习中来，而不仅仅是被动地接受知识的传授。因此，教师在设计情境时需要充分考虑学生的兴趣和能力水平，确保情境能够真正地引导学生走向知识的深度和广度，促进其全面发展。

2. 真实性

在物理教学中，新课程标准强调了与生活实际的密切联系。学生在学习物理之前已经对一些现象有了初步的了解，因此，教师在创设情境时必须重视学生的前概念，注重生活实际，决不能为了达到某种结论而"造假"。求实、求是是教授所有学科的第一要义。教师应该在教学中创造"真情境"，利用"真问题"，进行"真探究"，引出"真感情"，最终获得"真智慧"，这样才能有效地进行物理教学。这与建构主义强调的教学观相吻合：教学内容应源自学习者生活中的真实问题，在课堂中创设类似的情境，引起学生共鸣，激发其学习的积极性，并最终获得对原有知识的重建和新知的构建。

世界上一些发达国家对教师的演示实验非常重视，利用有趣、直观的演示实验创造积极的教学情境。例如，在德国慕尼黑的学校内，每间教室都配备了良好的计算机设施和实验器材，如长达十米的牛顿管。而在美国密歇根大学开设的《物理世界的秘密》课程中，近五分之二的课堂时间都用于演示实验。相比之下，我国的物理教育更多地采用讲授式教学，学生缺乏可依赖的情境进行思考和知识构建。

真实情境不仅指实验情境在课堂中的重现，还可以利用信息技术实现交互式学习情境。物理学科基于对概念的建立和规律的认识，这些归根结底是大量物理现象的总结。为了让学生更好地理解，需要给予他们足够多的生活现象的展示，例如通过录像、影音等可视听材料。信息技术中的多媒体、录像、影碟等能够提供更长时间的展示，为学生提供更多的学习平台。比如，在研究物体运动规律时，利用智能手机的照相功能可以将物体运动的轨迹合成在一张照片中，从而更好地展示整个动态过程。

3. 灵活性

在物理教学中，课堂被视为一个充满活力的生命整体，教学过程不仅要注重学科知识的传授，更需要注重教学手段的灵活运用。情景教学作为其中一种教学方式，具有多种形式，如引导——探究模式、启发——创新模式、示范——实践模式、演绎——归纳模式等。有经验的教育者应当根据不同的时机和情境做出灵活的教学安排。情景教学的重要优点之一在于能够培养学生灵活运用知识的能力，而情景教学本身的灵活性主要通过创设有情有趣的教学情境来实现。

在中学物理教学中，教师需要将一些与物理知识相关联的生活现象和社会热点以不同的形式呈现出来，如图片、趣味小故事、电影对白、角色扮演等。通过这些有情有趣的情境，学生在兴奋的情绪中能够充分发挥学习的积极性，从而更好地吸收知识。教学引入情境的目的是让学生更好地学习，同时还应考虑学生的心理特征，如已学知识、存在的问题等。通过多种途径全面了解学生的学习状态，教师可以及时调整课堂模式，提升教学效率。

在课堂中，演示实验是物理情境教学的关键环节之一。教师不仅应演示一些学生日常生活中能观察到的物理现象，还应该追求"奇""险""显"。通过展示与日常经验相悖的现象，可以引起学生的认知冲突，从而唤起他们的学习兴趣和内驱动力。例如，在演示楞次定律时，让学生观察到磁铁与铝之间没有磁力作用却可以使快速转动的铝盘停止，这样的情境能够激发学生的思考和探索欲望。

在教学中，教师还应尊重学生的前概念。学生在进入课堂之前已经具有一定的知识结构，教师应该充分尊重并借助学生已有的知识来引导他们学习新知识。当创设的情境与学生已有的知识产生矛盾时，教师应该引导学生思考并解决疑惑，从而促进他们对新知识的学习和掌握。

4.诱导性

在教学过程中，教师的积极诱导是情景教学的核心要素之一。无论是提出问题、解决问题还是引导学生产生新问题，都离不开教师的主动引导和激发。情景教学的关键在于通过问题的不断递进和深入，将物理知识转化为问题，并将问题融入情境中，使教学过程成为一个循环系统。而这一切都需要教师在课前进行充分准备，从"读教材""品教材"到反复琢磨，才能在教学中创设符合学生学习需求的情境。

在课堂开始的第一分钟，教师就需要积极地进行诱导。一节优秀的课应该从一个精心设计的序章开始，无论是演示实验还是趣味的动画视频，都能够悄然将学生带入教学情境中。一旦学生完全进入情境，教师需要适时地提出问题，并善于提问。这些问题应该由浅入深、有阶段性，而不是一次性引导学生进入情境后就放任不管，这样会导致学生的思维疲劳。当学生进入疲惫期时，教师应该适时进行不同形式的诱导，如顺启诱导、反启诱导、侧启诱导等。这样能够激发学生的思考和探索欲望，促使他们积极参与到教学过程中来。

教学中的语言技巧也是教师成功实施诱导的关键。教师需要根据学生的年龄特征和发展特点，运用形象生动的语言，有效地引导学生的无意识心理活动，营造和谐平等的学习氛围。最佳的课堂氛围应该是教师和学生共同创设情境，教师通过各种手段诱导学生，使学生在教学过程中产生强烈的"共鸣"，从而更好地完成学习任务。

（二）情境教学的创设策略

1.实验演示，创设形象情境

在中学物理课堂中，实验演示是创设形象情境的重要手段之一。物理作为一门实验性学科，其所有的概念和规律都是通过观察和实验得出的，而不仅仅是依靠教师口头的讲述。正如电流磁效应的发现者奥斯特所言："一切科学研究都是从实验开始的，单纯枯燥的讲课是没有意义的。"因此，物理课堂的教学应该注重实验的重要性，而优秀的物理课往往都以"设置问题—解决问题"的模式展开，通过不断地设疑和释疑，使得问题变得明晰，让学生通过实验学习到新的知识。

在进行实验演示时，教师可以通过展示具体的实验过程和结果，让学生直观地感受到物理现象的发生和规律的存在。例如，通过演示电流通过导体产生的磁场，让学生亲眼见证电磁感应的现象，从而理解电磁感应规律的本质。这样的实验演示不仅能够激发学生的兴趣，还能够帮助他们更好地理解抽象的物理概念。

此外，教师还可以利用实验演示创设形象情境，将抽象的物理概念与学生熟悉的生活场景相结合。例如，通过演示小车在不同斜面上的滑动速度，让学生感受到重力对物体运动的影响，从而理解斜面上的动力学原理。这样的形象情境能够帮助学生更好地理解物理规律，并将其应用到实际生活中。

实验演示是中学物理教学中不可或缺的重要环节，通过实验演示可以让学生亲身体验物理现象，理解物理规律，激发学生的学习兴趣，提高他们的学习效果。同时，创设形象情境也是实验演示的重要目的之一，通过将抽象的物理概念与生活场景相结合，帮助学生更好地理解和应用所学的知识。

2. 利用物理学史，创设探索情境

学习物理学史对于深入理解这门学科的发展历程以及其中的科学思想和方法具有极其重要的意义。科学并非一蹴而就，而是经过一代又一代科学家的不懈探索和努力才逐步揭示出来的。因此，了解物理学史不仅能够传递科学知识，更是对科学文化的一种重要贡献。物理学史的案例具有丰富的教育意义，它们将抽象的物理概念和生动的历史事件相结合，为学生提供了一个探索的情境，激发了他们对物理学的兴趣和好奇心。

以"杠杆"为例，展示了古埃及人利用机械工具搬运石头的实例。这个案例生动地展示了物理学的应用背景，让学生从实践中理解杠杆原理的重要性。通过这个案例，学生可以认识到物理学不仅仅是理论的堆砌，更是与生活密切相关的实践科学。

以"电磁感应"为例，介绍了奥斯特在发现电磁感应过程中的艰辛历程。这个案例向学生展示了科学探索的过程，激发了他们对科学发现的好奇心和求知欲。通过这个案例，学生可以了解到科学家们在解决问题时所面临的挑战，以及他们通过实验和探索来解决问题的方法。

以"自由落体运动"为例，介绍了古希腊哲学家亚里士多德关于物体运动的错误观念，以及伽利略通过实验驳斥亚里士多德观点的过程。这个案例展示了科学发展中的思想斗争和理论革新，启发学生独立思考和质疑传统观念的能力。通过这个案例，学生可以认识到科学发展的历史是一个不断革新和进步的过程，鼓励他们保持开放的思维和求知的态度。

综上所述，利用物理学史的案例创设探索情境，可以使学生更加深入地理解物理学的发展历程和科学思想，激发他们的学习兴趣和探索欲望，培养他们独立思考和解决问题的能力。这种教学方法不仅有助于学生掌握物理知识，更重要的是培养了他们对科学的理解和认识，促进了科学素养的全面发展。

3. 利用社会热点资源

利用社会热点资源是丰富物理教学内容、激发学生兴趣的有效途径。当前，随着中高考改革的趋势，命题者更加关注社会实际生活，而许多社会热点新闻与物理学科密切相关。教师应该养成关注时事新闻的习惯，并将相关信息引入教学中，以丰富学生的认知，并开发课程资源。

以"静电现象的应用"为例，展示了如何利用社会热点资源。教师通过播放《出彩中国人》中闪电侠的表演视频，让学生目睹了特斯拉线圈制作的人工闪电，给他们带来了强烈的视觉震撼，吸引了他们的注意力。这个案例生动地展示了电学原理在现实生活中的应用，让学生从视觉和感官上感受到了电的魅力和威力。闪电侠表演的场景打破了学生对电的危险和陌生印象，引发了他们的好奇心和探索欲望，从而顺利地将学生带入了课堂。

通过案例实践，可以发现教师在教学中利用社会热点资源的重要性。首先，社会热点新闻具有直观性和生动性，能够直接吸引学生的注意力，提高他们对课堂内容的兴趣。其次，社会热点新闻与物理学科的相关性较高，能够帮助学生将抽象的物理理论与实际生活相联系，加深对知识的理解和记忆。最后，利用社会热点资源可以使教学内容更具有时代性和现实性，有助于培养学生的社会责任感和创新意识。

因此，教师在教学中应该积极关注社会热点新闻，善于将相关信息引入到课堂教学中，以丰富教学内容、激发学生兴趣，促进他们对物理学科的深入理解和学习。这种教学方法不仅能够提高学生的学习积极性和参与度，还能够培养他们的实践能力和创新精神，为其未来的学习和发展打下良好的基础。

二、游戏化学习的策略

在高中物理教学中，游戏化教学是一种富有创新性和活力的教学策略，可以极大地提升教学的质量和效果。游戏化教学不仅能够增强学生的学习兴趣，还能够促进学生的参与度和互动性，使学习过程更加生动和愉悦。在物理课堂中应用游戏化教学，可以将抽象的理论知识转化为具体的游戏任务和挑战，使学生在玩中学，在学习中享受乐趣。

（一）游戏化教学应用于高中物理教学中的必要性及价值

1.游戏应用于物理教学的必要性

在高中物理学习中，学生面临着巨大的学业压力，这使得他们在学习过程中往往缺乏兴趣和动力，甚至可能产生厌学情绪。传统的物理教学方法通常以灌输式的讲授为主，学生需要大量地记忆知识点，这种教学方式往往难以激发学生的学习兴趣和积极性。因此，引入游戏化教学成为改善现状的一种有效途径。

（1）游戏化教学能够吸引学生的学习注意力

在高中物理教学中，吸引学生的学习注意力是提高教学效果的关键之一。游戏化教学作为一种创新的教学方式，具有很强的吸引力，能够有效地调动学生的学习积极性。

第一，游戏化教学通过引入游戏元素，将学习过程变得更加具有趣味性和互动性。相比传统的课堂教学，游戏化教学提供了更加轻松愉快的学习氛围，使学生更愿意参与到学习活动中来。例如，通过设计具有挑战性和趣味性的物理游戏，教师可以让学生在解决问题的过程中体验到成就感和乐趣，从而激发他们对学习的兴趣和投入。

第二，游戏化教学注重学生的参与和互动，能够更好地激发学生的学习积极性。在游戏化教学中，学生不再是被动接受知识，而是主动参与到学习过程中。他们需要通过解决问题、完成任务来获取游戏奖励，这种竞争和激励机制能够激发学生的学习动力，使他们更加专注于学习活动。

第三，游戏化教学还能够提供个性化的学习体验，满足不同学生的学习需求和兴趣。通过设置不同难度级别的游戏关卡，根据学生的实际水平和学习目标来调整游戏内容和难度，可以让每个学生都能够找到适合自己的学习路径，从而更好地参与到学习过程中来。

（2）游戏化教学可以有效提高学生的学习动力

游戏化教学作为一种创新的教学方法，具有显著的优势，可以有效提高学生的学习动力，并培养他们独立解决问题的能力。

第一，游戏化教学引入了竞争和激励机制，激发了学生的学习动力。在游戏化教学中，学生需要通过解决问题、完成任务来获取游戏奖励，这种积极的反馈机制可以增强学生的学习动机，使他们更加专注于学习活动。学生渴望获得游戏奖励的欲望促使他们努力学习，提高学习效率和积极性。

第二，游戏化教学注重学生的互动和合作，培养了他们的团队合作精神和解决问题的能力。在游戏化教学中，学生常常需要与同学们进行合作，共同解决问题，完成任务。通过与他人的互动和合作，学生学会了倾听他人的意见、协调彼此的关系，培养了团队合作的能力。此外，游戏化教学中的问题解决过程也锻炼了学生的逻辑思维和创造力，使他们能够独立思考并解决复杂的问题。

（3）游戏化教学能够帮助学生更好地应用物理知识解决实际问题

游戏化教学作为一种活跃的教学方式，能够帮助学生更好地应用物理知识解决实际问题，从而加深对物理学的理解和掌握。

第一，游戏化教学提供了一个具体的情境，让学生将抽象的物理理论与实际问题相联系。在游戏化教学中，学生需要运用所学的物理知识来解决游戏中的挑战和问题。例如，在一个物理游戏中，学生可能需要计算物体的运动轨迹、预测碰撞的结果等，这些都需要他们运用所学的物理知识。通过将物理知识应用到具体的情境中，学生能够更加直观地理解物理原理，加深对知识的理解和记忆。

第二，游戏化教学能够提高学生解决问题的能力和水平。在游戏中，学生面临各种挑战和难题，需要动脑筋思考解决方案。通过解决这些问题，学生不仅能够巩固和应用所学的物理知识，还能够培养解决问题的能力。他们需要分析问题、提出假设、进行实验和验证，这些过程锻炼了他们的逻辑思维、创造性思维和问题解决能力。

第三，游戏化教学还可以激发学生的学习兴趣和热情。相比于传统的教学方式，游戏化教学更加生动有趣，能够吸引学生的注意力，增强他们的学习动力。在游戏中，学生可以与同学们一起合作、竞争，共同探索和解决问题，这种互动和合作能够激发学生的学习热情，提高他们的学习效果。

2.游戏应用于物理教学中的可行性

目前，我国的游戏化教学主要应用于语文、数学、英语等学科，且多数游戏设计是针对低年龄段学生开发的。然而，这并不意味着高中物理教学不适合采用游戏化教学模式。美国游戏设计师、教育家马雷·普伦斯克曾提出，游戏化教学适用于所有学科，并且合理有效地应用游戏化教学能够取得显著效果。相关研究也表明，游戏化的学习需要学生亲身体验游戏，主动探究学习内容。物理学习同样需要学生亲身体验，去探究物理知识，而学生在良好的物理情境中往往会产生浓厚的兴趣。

游戏与物理知识有着密切的关联，许多游戏都涉及物理原理的应用。例如，一些物理模拟游戏或物理解谜游戏，让玩家需要运用物理学原理来解决问题。这些游戏往往可以很好地适用于物理课堂教学，不仅能够激发学生的学习兴趣，还能够帮助学生更好地理解和应用物理知识。

在游戏化教学中，教师需要充分利用有价值的教学资源，选择适合学生操作的游戏，并将物理知识点与游戏有机结合。通过设计具有挑战性和趣味性的物理游戏，教师可以调动学生的学习积极性，使他们在愉快的氛围中参与到学习活动中来。此外，教师还可以通过游戏中的互动和合作，培养学生的团队合作精神和解决问题的能力。

总的来说，游戏化教学在高中物理教育中具有较高的可行性。教师可以充分利用游戏化教学的优势，将物理知识与游戏结合，从而进一步提高学生学习的主动性和参与度，激发学生对物理学习的兴趣和热情。

3.教学游戏应用于物理教学中的价值

将游戏化教学模式应用于高中物理教学中具有多重价值。首先，物理知识源于日常生活中的各种物理现象，因此教师可以引导学生从实际生活中仔细观察，并通过游戏化教学创设虚拟的教学情境，让学生在这些情境中快速理解物理知识。通过游戏化教学，学生可以更加直观地感受到物理现象，从而激发学习兴趣和参与度。

其次，游戏化教学有助于帮助学生构建知识框架。通过引入与知识相关的游戏，学生需要在游戏中对相关知识点进行重新整合，以更好地完成游戏任务。在完成任务后，学生还需针对问题将物理知识转化为物理规律，促进对知识的深入理解和自我构建过程。这种学习方式有助于加深学生对物理知识的理解和应用，提高他们的学习效果。

再次，将游戏引入物理课堂可以提升学生的学习效果。相比于传统的物理练习题，游戏内容往往是学生之前未曾接触到的隐藏知识，需要学生不断开动脑筋，将已学知识与生活情境联系起来。通过这样的学习方式，学生可以在游戏过程中不仅学习新知识，还能够巩固和复习以前学过的内容，培养理性思维和解决问题的能力。

（二）游戏化教学在物理教学中的实践探究

1.激趣设疑

为了激发学生的学习兴趣，教师需要通过创造良好的游戏教学情境来吸引他们的注意力和参与度。以教授"自由落体运动"一课为例，教师可以设计如下的游戏教学情境：

在课堂上，教师首先拿出一个一元硬币并进行抛掷，然后要求学生尝试用手抓住硬币。学生中成功抓住硬币的将获得一定的奖励或认可。这种简单而有趣的游戏环节能够吸引学生的注意力，让他们积极参与到课堂活动中来。

接下来，教师会选出几名学生进行类似的抓硬币动作，但这次是模拟自由落体运动的过程。学生需要在看到硬币下落的瞬间尝试用手抓住硬币。在这个游戏环节中，学生会亲身体验到自由落体运动的特点，加深对物理概念的理解。

在游戏结束后，教师可以引导学生反思游戏结果，并提出问题："为什么有的同学能够成功抓住硬币，而有的同学却未能如愿？"这个问题能够引发学生的思考，激发他们对自由落体运动背后原理的好奇心和求知欲。

通过这样的游戏化教学方式，学生不仅在愉快的氛围中学习物理知识，还能够亲身体验物理现象，加深对知识的理解。同时，教师的引导问题还能够促使学生主动思考，提高他们的学习深度和思维能力。因此，游戏化教学不仅能够激发学生的学习兴趣，还能够促进他们的认知发展和学习效果。

2.解惑释疑

解惑释疑在物理教学中扮演着至关重要的角色，它不仅能够帮助学生解决问题，还能够促进他们对物理现象的深入理解。通过适当地运用物理知识，教师可以引导学生理清思路，找到问题的解决方法。在之前所描述的游戏中，学生未能成功抓住硬币的原因是反应时间的差异。因此，如何准确地测量被测者的反应时间成了解决问题的关键。

被测者的反应时间是指从感知到某种刺激到做出反应所经历的时间间隔。在实际测量中，通常采用的方法是通过测量刺激出现到被测者做出反应之间的时间差来确定反应时间的长短。有多种方法可以用来测量反应时间，其中一种常见的方法是采用计时器或电子设备来记录刺激出现和被测者反应的时间点，然后通过计算时间差来得出反应时间。

在物理教学中，教师可以利用一些简单的实验设备来帮助学生测量反应时间。例如，可以使用光电门和计时器来模拟刺激和反应的过程，让学生通过手指按下按钮或其他动作来做出反应。通过记录光电门被遮挡和恢复的时间，就可以计算出被测者的反应时间。这样的实验设计不仅可以帮助学生理解反应时间的概念，还能够提高他们的实验操作能力和数据处理能力。

3.游戏方案

针对以上问题，教师可以这样设计游戏教学方案。

第一，请学生甲上台用两手捏住刻度尺的上端。

第二，让学生乙用一只手放在刻度尺的下端，做出握住刻度尺的动作，但手指不要触碰刻度尺。

第三，让学生甲放开刻度尺，学生乙立刻握住刻度尺。并记录刻度尺下降的高度。

第四，利用自由落体运动的知识，快速算出学生乙的反应时间。

在以上游戏环节中，经过多次测量，根据刻度尺下落的距离，就可以折算出被测试者的反应时间，设：t 为被测试的反应时间，以 s 为单位；h 为刻度尺的下坠距离，以 cm 为单位记录。重力加速度 g 取 $9.80m/s^2$。计算的公式：$h=1/2gt^2$。自由下落的高度和反应时间的计算情况如表1。

表1　刻度尺下落高度和反应时间

下落高度 h（cm）	4.90	11.00	19.60	30.60	44.10	60.7	78.4
反应时间 t（s）	0.10	0.15	0.20	0.25	0.30	0.35	0.40

在游戏过程中，教师可以将学生分为若干小组，每组至少三名学生，学生在讲台上依次进行表演，并选出反应最快的学生。游戏中应注意以下事项，首先，在做自由落体运动游戏时，被测试者只有等到刻度尺被放才能伸手去抓，需要严格遵守游戏规则。其次，被测试者的手必须放在刻度尺的"0"刻度位置，这样才能更好地记录。再次，主试者在捏住刻度尺时，要避免出现手抖的情况，因为手抖动也会对测试的结果产生一定的影响，从而导致记录的结果不准确。

在整个游戏化教学环节中，学生充分体验游戏所带来的乐趣，体验意味着学生亲身参与游戏，能够快速地获得知识，从而使教学取得事半功倍的效果。而在物理课堂中，学生在做游戏时也要积极地思考问题。思考是指个体运用自身的智力，在现有知识经验的基础上，对问题进行探究与解决的一个过程。在整个游戏过程中，学生的学习兴趣会高涨，而教师则可以在这一阶段，引发学生对物理知识或原理进行思考，进而激发学生内心强烈的求知欲。

第二节　引导学生探究与实践的教学方法

一、探究式学习的实施

探究性学习模式是一种能够使学生在教师的引导协调下，主动运用科学思维方式与科学思想方法对某一问题、某一任务进行自主探究的学习方式. 在核心素养视域下的高中物理教学中，合理应用探究性学习模式引导学生学习物理学科知识，不仅能够让学生的物理学习状态得到切实转化，更加自主自觉地进行物理学习与物理探索，还能够让学生在探究物理问题与物理规律的过程中更加深刻全面地把握物理学科的特点本质，得到物理学习品质与综合素质能力的提升。

（一）探究性学习模式在高中物理教学中的应用路径

1.巧妙设疑，触发探究兴趣

探究性学习的核心在于激发学生的学习兴趣和求知欲。通过巧妙设置教学问题，可以引发学生的质疑与思考，从而有效调动学生的物理探究兴趣。

（1）质疑的重要性

学生的疑问是推动学习的动力源泉，这一观点在教育实践中得到了广泛认可。正如古语所云："学贵有疑，小疑则小进，大疑则大进。"这句话揭示了质疑在学习过程中的重要性。学生对物理现象产生疑问，往往标志着他们开始思考、探索问题的动机被激发。当学生开始质疑时，他们不仅仅是在寻求答案，更重要的是在寻找问题的根源、原理和解决方法。因此，教师在教学过程中，巧妙设置引人思考的问题，能够有效地激发学生的求知欲望。

通过提出引人思考的问题，教师可以引导学生主动思考，从而激发他们的学习兴趣和探究欲望。这些问题往往与学生日常生活和学习经验息息相关，能够引起学生的共鸣和兴趣。例如，在物理课堂上，教师可以提出一些有趣的问题，如："为什么天空是蓝色的？""为什么相同的物体在水中会显得更轻？""为什么月亮总是在不同的位置？"等。这些问题能够引导学生思考物理规律和现象背后的原因，促使他们主动探究和学习。

此外，质疑还有助于培养学生批判性思维和创造性思维能力。当学生开始质疑并寻找答案时，他们往往会运用逻辑推理和实证研究的方法，培养自己的批判性思维能力。同时，通过解决问题和探索未知，学生还能够培养创造性思维，发展自己的创新意识和解决问题的能力。

（2）问题设置的策略

在教学中，教师应当精心设计问题，以激发学生的思考和好奇心，从而促进他们的学习。问题设置的策略可以通过以下方式实现。

第一，问题应当具有挑战性。这意味着问题应当超出学生当前的知识水平和思维范围，需要他们进行深入思考和研究才能得到答案。挑战性的问题能够激发学生的求知欲望，让他们感到探索的乐趣，从而更加积极地投入到学习过程中。

第二，问题应当具有启发性。这意味着问题应当能够引发学生的思考，激发他们的思维活动，并引导他们去寻找解决问题的方法和策略。启发性的问题能够激发学生的好奇心和探索欲望，让他们主动去探究问题的答案，从而促进他们的学习兴趣和动力。

第三，问题还应当与学生的日常生活和实际经验相关联。这样的问题更容易引起学生的兴趣和共鸣，让他们能够从自己的生活经验中找到解决问题的线索和思路。通过与学生生活相关的问题，教师可以更好地激发学生的学习兴趣，让他们更加主动地参与到学习过程中。

第四，问题还应当与课程内容紧密结合。这意味着问题应当能够引导学生深入理解课程内容，帮助他们掌握和运用所学知识。通过与课程内容相关的问题，教师可以引导学生深入思考和学习，促进他们对知识的理解和掌握，从而提高他们的学习效果和学习成绩。

（3）案例分析

以教材中的"质点、参考系"为例，通过引发学生对质点概念和参考系的疑问，如何描述物体的运动等问题，可以有效激发学生的学习兴趣和探究欲望。在教学中，教师可以通过以下方式进行案例分析。

首先，教师可以向学生提出一系列问题，引发他们对质点概念和参考系的疑问。例如，教师可以问："在现实生活中，我们常能看到一些处于不断运动过程之中的物体。对于这些物体的运动，我们应该如何进行描述？"通过这样的问题，教师可以引导学生思考，激发他们对物体运动背后的物理规律的好奇心。

其次，教师可以与学生分享一些关于质点概念和参考系的实例，让学生从实际生活中感受到物理学的应用。例如，教师可以讲解高铁列车内外景物移动的现象，引导学生思考在不同的参考系下观察运动物体会有什么不同的感受。通过这些实例，学生可以更直观地理解质点概念和参考系的概念，增强他们的学习兴趣。

第三，教师可以组织学生进行小组讨论，让他们共同探讨如何描述物体的运动以及选择合适的参考系。在小组讨论中，学生可以分享自己的观点和想法，相互交流和学习。通过与同学的讨论，学生可以深入理解物体运动背后的物理原理，增强他们的学习动力和积极性。

最后，教师可以引导学生进行实践活动，让他们通过实际操作来验证和应用所学的知识。例如，教师可以设计一些实验或模拟活动，让学生在不同的参考系下观察物体的运动，并记录实验数据。通过实践活动，学生可以将理论知识与实际操作相结合，加深对物理学原理的理解，同时培养实验设计和数据分析的能力。

2. 关联生活，引发主动探究

物理作为一门具有极高实用价值的学科，与我们的日常生活密切相关。因此，将物理知识与学生的生活经验相结合，可以更好地引发学生的主动探究。

（1）实用性的意义

物理知识不仅存在于教科书中，更体现在我们的生活实践中。通过将学生的生活经验与物理概念相联系，可以增进学生对物理知识的理解和应用能力。

（2）生活情境的设置

教师可以通过生活中的案例、观察、实验等方式，引导学生主动探究物理现象背后的规律。例如，通过让学生观察日常生活中的运动现象，如汽车行驶、球类运动等，引发学生对运动规律的思考和探究。

3.小组合作，助力深度探究

小组合作学习是促进学生交流合作、共同探究的有效方式。在物理探究性学习中，通过小组合作，可以提高学生的学习效率和深度。

（1）合作学习的优势

小组合作可以促进学生之间的互动和交流，拓展学生的思维空间，激发他们的创造力和探究欲望。同时，小组内部的相互协作和互助可以弥补个体学习的不足，提高整体学习效果。

（2）任务分工与协作

在小组合作学习中，教师可以根据学生的特点和能力水平，合理分配任务，让每个学生发挥所长，共同完成探究任务。通过小组成员之间的合作和协作，可以更好地解决问题，深入探究物理学习的内容。

（二）核心素养视域下展开高中物理探究性教学所需把握的要点

《普通高中物理课程标准（2017年版2020年修订）》指出：物理课程教学需坚持学科核心素养导向，在义务教育的基础上引导学生以自主学习的方式，从物理学的视角认识现实世界与自然，形成良好的物理观念意识、科学思维习惯、科学探究能力、科学态度和社会责任。

1.理解物理课程核心素养导向

（1）学科核心素养

学科核心素养是指学科学习中最为重要的能力和素养，包括对学科概念、原理和规律的理解，以及科学思维、探究能力、创新意识等方面的发展。

（2）导向意义

以学科核心素养为导向，可以引导学生以自主学习的方式，从学科的视角认识现实世界和自然，形成良好的学科观念、科学思维习惯和探究能力，培养学生的科学态度和社会责任感。

2.探究性学习模式与物理教学特点的结合

（1）个性化学习

探究性学习模式强调学生的主动参与和个性化学习，能够激发学生的学习兴趣和自主学习能力。

（2）实践探究

通过实践活动和问题解决，学生可以深入理解物理概念和规律，培养科学探究的能力和方法。

（3）探究性学习模式与物理教学特点的契合

①物理学的实践性

物理学是一门实践性强的学科，探究性学习模式能够更好地反映物理学的实践特点，促进学生对物理现象和规律的深入理解。

②理论与实践相结合

物理教学强调理论与实践相结合，探究性学习模式为学生提供了理论知识和实践探究相结合的学习平台，有利于学生将理论知识应用到实际问题中去解决。

3. 探究性学习模式与物理核心素养目标的融合

（1）科学思维与探究能力

通过探究性学习模式，学生可以得到广泛的科学思维和探究能力的培养，这些能力包括观察、提问、实验设计、数据分析和结论推断等。首先，观察是科学思维和探究的基础，学生通过观察周围的物理现象和实验现象，可以积累大量的实际观察经验，从而形成对自然规律的直观感知。其次，提问是培养科学思维的重要手段，学生在观察和实验中产生疑问，进而提出问题，促使他们主动探索和求解。实验设计是培养学生科学思维和探究能力的重要环节，学生需要设计实验来验证自己的猜想或解决问题，这既需要创造性思维，又需要系统性思维。数据分析是学生对实验结果进行整理、归纳和分析的过程，通过数据分析，学生可以发现规律和趋势，进而得出科学结论。最后，结论推断是学生根据实验结果和数据分析得出的科学结论，这需要学生综合运用观察、提问、实验设计和数据分析等能力，形成合理的推断和解释。

（2）科学态度与社会责任感

探究性学习模式在培养学生的科学态度和社会责任感方面发挥着重要作用。首先，这种学习模式能够促使学生尊重事实。在进行探究性学习过程中，学生通过观察、实验和数据分析等方式，接触到真实的实验现象和科学数据，从而了解到科学研究的客观性和客观规律性。这有助于学生树立尊重科学事实、珍惜科学真理的态度，避免盲目相信谣言或主观臆断。其次，探究性学习模式鼓励学生负责任的科学实践。在进行实验设计和数据分析过程中，学生需要认真对待每一个步骤，严格执行实验操作规程，确保实验结果的准确性和可靠性。这培养了学生的实验操作技能和科学研究素养，同时也加强了他们的责任感和自律意识。此外，探究性学习模式强调合作交流。在解决复杂问题和完成探究任务时，学生通常需要与同学进行合作，共同商讨问题、设计实验、分析数据和得出结论。这种合作交流的过程促进了学生之间的沟通和协作能力，培养了他们的团队精神和集体荣誉感。最后，探究性学习模式还能够引导学生思考科学知识和技术应用对社会的影响，激发他们的社会责任感。学生通过探究性学习，能够更深入地理解科学技术对人类生活、环境和社会发展的作用和影响，进而意识到自己作为科学家和公民的责任和使命。因此，探究性学习模式在培养学生的科学态度和社会责任感方面具有重要意义，有助于促进学生全面发展和积极参与社会活动。

二、实践活动在教学中的应用

（一）实践活动的概念与重要性

1. 实践活动的定义与特点

实践活动在物理教学中扮演着至关重要的角色。它是一种通过学生亲身参与实际操作、观察、实验等方式来加深对物理概念和规律理解的学习方法。相较于传统的课堂教学，实践活动更加注重学生的参与性和体验性，强调学生通过实际操作来探究问题，从而培养其动手能力、观察能力和实验设计能力。

第一，实践活动具有直观性和感性性。通过实践活动，学生可以直接观察、感受物理现象，从而更加直观地理解抽象的物理概念和规律。例如，通过搭建简单的物理实验装置或模型，学生可以亲自观察物体的运动规律或物理现象，使抽象的物理理论具体化、形象化，增强学习效果。

第二，实践活动具有亲身性和参与性。学生在实践活动中扮演着积极的角色，他们直接参与到实验操作、数据收集和结果分析的过程中，从而激发了他们的学习兴趣和主动性。通过亲身参与，学生能够更加深入地理解物理知识，增强对知识的记忆和理解，培养解决问题的能力。

第三，实践活动具有灵活性和多样性。教师可以根据不同的教学内容和学生需求，设计和实施不同形式的实践活动。这些活动可以包括实验、观察、模拟、场地考察等多种形式，能够满足不同学生的学习需求，激发他们的学习兴趣，促进他们的学习效果。

2. 实践活动在高中物理教学中的重要性

实践活动在高中物理教学中扮演着至关重要的角色，其重要性体现在多个方面。首先，实践活动有助于学生深入理解物理概念和规律。通过亲身参与实验、观察现象，学生可以直观地感受和体验到物理原理的具体表现，从而加深对这些概念和规律的理解。例如，通过实验测量自由落体运动的加速度，学生可以直接观察到物体自由落体的过程，并通过数据分析和实验结果验证重力加速度的大小，从而理解重力对物体运动的影响。

其次，实践活动能够培养学生的动手能力和实验技能。在实验活动中，学生需要进行实验设计、仪器操作、数据采集和结果分析等步骤，这些过程锻炼了他们的动手能力和实验技能。通过实践活动，学生不仅能够掌握实验操作的技巧，还能够培养实验设计和问题解决能力，为将来的科学研究和工程实践奠定基础。

再次，实践活动能够激发学生的学习兴趣和主动性。相比于传统的课堂教学，实践活动更具有趣味性和挑战性，能够吸引学生的注意力，激发其学习的兴趣。通过亲身参与和实际操作，学生更容易产生好奇心和求知欲，更加主动地参与到学习过程中，提高了学习的积极性和效果。

（二）实践活动的设计与实施

1. 实践活动设计的原则

（1）教学内容紧密结合

在设计实践活动时，教师应该紧密结合教学内容，确保活动与教学目标和课程标准相一致。教师需要深入了解教材内容，明确所要达到的教学目标，然后根据学生的学习需求和实际情况，选择适合的实践活动内容。例如，在教学"光学"单元时，可以设计光的反射和折射实验，以帮助学生深入理解光的传播规律。

（2）符合学生认知水平和实际情况

实践活动设计应该考虑到学生的认知水平和实际情况，以确保活动的有效性和可操作性。教师需要了解学生的年龄、学习能力和实际经验，选择适合学生水平的实践内容和操作方法。例如，对于高中学生，可以设计一些简单直观的实验，如测量自由落体运动的加速度，以便学生更好地理解物理学原理。

（3）注重学生参与和体验

实践活动的设计应该注重学生的参与和体验，激发他们的学习兴趣和主动性。教师可以设计具有趣味性和启发性的实践活动，引导学生积极参与和体验，从而提高他们的学习积极性和效果。例如，在设计实验时，可以引入一些趣味性的元素，让学生感受到科学的乐趣，从而更加投入到实践活动中去。

2. 实践活动的实施步骤

（1）活动内容讲解和说明

在实施实践活动之前，教师需要对活动内容进行详细的讲解和说明，让学生了解活动的目的、意义和操作方法。教师可以通过简单的讲解、示范或多媒体展示等方式，向学生介绍实验原理和操作步骤，引导他们理解实验的重要性和意义。

（2）学生实践操作

在进行实践活动时，教师应组织学生进行实践操作，指导他们独立进行实验设计、操作仪器、采集数据和分析结果。教师可以根据学生的实际情况和操作能力，灵活调整实验内容和难度，确保学生能够顺利完成实验任务，并获得有效的实验结果。

（3）反馈和指导

教师应及时给予学生反馈和指导，帮助他们解决实践中遇到的问题和困难，确保学生的学习效果。教师可以通过观察学生的操作过程、检查实验结果和回答学生提出的问题等方式，及时发现学生存在的问题，并给予及时的指导和帮助。

（3）活动总结和评价

在实践活动结束后，教师应对活动过程进行总结和评价，让学生对活动的进行回顾和反思，从而提高他们的学习能力和实践技能。教师可以组织学生进行讨论、分享实验心得和撰写实验报告等形式，让学生从活动中获取更多的收获和启示，促进他们的学习成长和发展。

（三）实践活动的案例与效果评价

1. 实践活动的案例

作为实践活动的一个案例，我们可以设计一个与力学相关的实验，以研究质点在斜面上的运动规律为主题。这个实验可以帮助学生深入理解牛顿力学的基本原理，并培养他们的实验设计和数据分析能力。

（1）实验目的：

探究质点在斜面上的运动规律，了解斜面角度对质点运动的影响。

（2）实验材料和装置：

①斜面：选择一个光滑的斜面板，固定在支架上。

②小车：选择一个小车作为质点，可以是一个小轮车或小木块。

③测量工具：计时器、尺子等。

④实验记录表：记录实验数据和结果的表格。

（3）实验步骤：

①调整斜面的角度：首先，调整斜面板的角度，可以选择不同的角度，如15°、30°、45°等。

②固定小车：将小车放置在斜面的顶端，确保它能够顺利地沿着斜面运动。

③测量开始位置：使用尺子测量小车的初始位置，并记录在实验记录表中。

④开始实验：释放小车，让它沿着斜面自由滑动，同时启动计时器。

⑤记录运动时间：记录小车滑动到指定位置所经历的时间，并记录在实验记录表中。

⑥测量位移：使用尺子测量小车滑动后的位置，并记录在实验记录表中。

⑦分析数据：根据实验记录表中的数据，分析小车在不同斜面角度下的运动规律，如加速度和位移随角度的变化情况。

（4）实验结果：

根据实验记录表中的数据和分析，可以得出小车在不同斜面角度下的运动规律。通常情况下，随着斜面角度的增加，小车的加速度会增大，位移也会增加。

（5）实验总结：

通过这个实验，学生可以深入理解斜面上的质点运动规律，加深对牛顿力学原理的理解。同时，他们还能够培养实验设计、数据分析和结论推断等能力。这种实践活动不仅提供了丰富的学习体验，还能够激发学生对物理学习的兴趣和热情，促进他们的全面发展。

2. 实践活动的效果评价

评价实践活动的效果是教学过程中至关重要的一环，它能够帮助教师了解学生对于所学内容的理解程度、实验技能的掌握情况以及对科学探究过程的态度等方面。从多个角度进行评价可以更全面地了解学生的学习情况和能力提升，为教学的进一步改进提供有益的参考。

第一，评价实践活动的效果可以从学生的学习成绩出发。教师可以根据学生在实验中的表现以及实验报告的质量，对他们的学习成绩进行评定。通过分析学生的实验数据、结论推断和理论分析等方面，评价他们对实验结果的理解和掌握程度。高质量的实验报告通常会反映学生对实验内容的深入思考和理解，因此可以作为评价学生学习成绩的重要依据之一。

第二，观察学生在实验过程中的表现也是评价实践活动效果的重要方面。教师可以关注学生的实验操作是否熟练、数据记录是否准确、实验设计是否合理等方面。通过观察学生的实验技能和实践能力，评价他们在实验中的表现，进而了解他们对实验内容的理解和掌握情况。

第三，教师还可以通过课堂讨论和小组交流等形式，了解学生对实验内容的理解和反思，以及他们在实践活动中所获得的收获和体会。通过与学生的互动交流，教师可以更直观地了解学生的学习情况和感受，从而及时发现问题并加以解决，促进学生的进步和发展。

综合评价这些方面的表现，可以全面地了解学生在实践活动中的学习情况和能力提升。同时，也可以为教师进一步的教学改进提供参考和依据，帮助优化教学设计和提升教学效果，从而更好地促进学生的学习和发展。

第三节　多样化评价策略的选择与运用

一、形成性评价工具的设计

（一）设计原则

在设计形成性评价工具时，应遵循以下原则，以确保评价的准确性和有效性。

1. 与教学目标一致性

评价工具的设计与教学目标的一致性是教学评价的基础，它确保了评价的有效性和准确性，同时也指引着学生的学习方向和教师的教学实践。在设计评价工具时，教师应该始终牢记教学目标，以确保评价内容与教学内容和目标紧密契合。

第一，明确教学目标是设计评价工具的首要步骤。教学目标包括知识、能力和素养等方面，它们是教师在教学过程中所希望学生达到的预期结果。例如，针对高中物理课程，教学目标可能包括学生对物理概念的理解、实验操作技能的掌握以及科学思维能力的培养等。

第二，根据教学目标设计评价工具。评价工具的设计应该涵盖教学目标的各个方面，能够全面地反映学生的学习情况和能力水平。例如，如果教学目标是培养学生的实验设计和数据分析能力，评价工具可以包括实验报告、实验设计方案等，以评估学生在实验操作和数据处理方面的能力。另外，评价工具的设计应考虑到教学内容的多样性和复杂性，以及学生的个性化需求，从而确保评价的全面性和公正性。

第三，评价工具的设计应与教学内容和教学活动相结合，形成有机的教学评价体系。评价工具不仅要能够反映学生对知识的掌握程度，还应该能够评价学生在实际应用中的能力和素养。因此，评价工具的设计需要灵活多样，既包括笔试和问答形式的评价，也包括实验报告、口头答辩、项目展示等形式的评价，以全面地了解学生的学习情况和能力发展。

2. 多元化和综合性

评价工具的多元化和综合性是确保评价全面有效的重要策略之一。采用多种评价方式可以更全面地了解学生的学习情况和能力发展，从而更准确地评价他们的知识水平、实践能力以及解决问题的能力等多方面素养。

首先，采用多元化的评价方式有助于全面地反映学生的学习情况。传统的笔试形式虽然能够评价学生对知识的掌握程度，但并不能全面地评价学生的实际操作能力、解决问题的能力以及创新思维等方面。因此，引入实验报告、口头答辩、项目展示等多种形式的评价可以弥补传统评价方式的不足，使评价更加全面准确。

其次，综合运用多种评价方式可以更好地培养学生的综合能力。学生在参与实验报告撰写、口头答辩、项目展示等评价活动过程中，不仅需要运用所学知识，还需要动手操作、进行数据分析、展示沟通等多种能力，从而培养了学生的综合素养和实践能力。

举例来说，学生可以通过实验报告展现他们在实验操作、数据处理和结果分析方面的能力；通过口头答辩展示他们的表达能力、逻辑思维和应变能力；通过项目展示展示他们的创新意识、团队合作和沟通能力等。这样的多元化评价方式，不仅能够更全面地了解学生的学习情况，也能够更好地培养学生的综合素养和实践能力。

综合来看，评价工具的多元化和综合性有助于全面了解学生的学习情况和能力发展，培养学生的综合素养和实践能力。因此，在设计评价工具时，教师应该充分考虑到多种评价方式的综合运用，以确保评价的全面有效。

3. 灵活性和针对性

评价工具的设计应该具备灵活性和针对性，这是确保评价过程能够适应不同教学情境和学生需求的重要保证。灵活性意味着评价工具应该能够根据具体的教学内容和学生特点进行灵活调整和改进，以满足不同学生的学习需求。同时，评价工具也应该具有针对性，即评价内容和形式需要与教学目标和学生的学习水平相匹配，确保评价的准确性和有效性。

在评价工具的设计中，灵活性体现在工具的多样性和可调节性上。评价工具不应该是一成不变的，而是能够根据教学内容的变化和学生的需求进行灵活调整。例如，针对不同的教学内容和学生群体，可以选择不同类型的评价任务，包括笔试、实验报告、口头答辩、项目展示等多种形式，以确保评价方式的多样性和灵活性。此外，评价工具的难度和要求也可以根据学生的学习水平进行调节，使评价更加贴近学生的实际水平和能力发展。

而评价工具的针对性则体现在评价内容和形式与教学目标和学生需求的匹配上。评价工具应该能够全面地反映教学目标的达成程度，包括知识掌握、实践能力、解决问题的能力等方面。为了实现评价的针对性，教师需要充分了解学生的学习情况和需求，根据其特点设计相应的评价任务和标准。例如，针对不同学生的学习水平和学科特点，可以设置不同难度和类型的评价任务，以确保评价的针对性和有效性。

4. 适应性和可操作性

适应性和可操作性是评价工具设计中至关重要的考虑因素。评价工具需要适应不同学生的特点和教学环境的差异，同时要保持简洁明了，易于操作和管理，以确保评价过程的有效性和顺利进行。

首先，评价工具应具有适应不同学生特点和教学环境的能力。这意味着评价工具的设计应该考虑到学生的不同学习需求、能力水平和学科特点，以及教学环境的资源限制和条件限制。评价工具的内容和形式应该灵活多样，能够根据具体情况进行调整和改进，以满足不同学生和教学环境的需求。例如，针对不同年级和学科的学生，可以设计不同难度和类型的评价任务，以适应其学习水平和知识掌握程度。

其次，评价工具的设计应简洁明了，易于操作和管理。评价工具不应过于复杂，而应该简洁清晰，避免过多的操作步骤和要求，以减轻教师和学生的负担，提高评价的可操作性和实用性。评价工具的使用过程应该简便顺畅，不需要过多的时间和精力，能够在教学中方便地应用和管理。此外，评价工具的设计也应考虑到评价结果的及时性和有效性，以便及时给予学生反馈和指导，促进其学习和进步。

（二）具体工具设计

1.笔试和问答

针对笔试和问答形式的评价工具设计，可以从以下几个方面展开。

（1）题目选择

设计一些涵盖各个知识点的题目，包括基础知识、概念理解和解决问题的能力。题目形式可以包括选择题、填空题、解答题等，既考察了学生的记忆能力，也考察了学生的分析和推理能力。

（2）题目难度

根据教学内容和学生水平的不同，合理设置题目的难度。既要确保题目具有一定的挑战性，又要避免过于晦涩难懂，保证学生能够理解和完成。

（3）开放性问题

在问答部分可以设计一些开放性问题，要求学生进行思考和自由回答，以考察其对物理概念的理解和应用能力。这种形式能够更好地反映学生的思维深度和创造性。

（4）评分标准

设计评分标准，明确每个题目的分值和评分要点，以保证评价的客观性和公正性。评分标准应该清晰明了，便于教师进行评分和学生进行自我评价。

2.实验报告和数据分析

针对实验报告和数据分析形式的评价工具设计，可以从以下几个方面展开。

（1）实验设计

要求学生撰写实验报告，包括实验的目的、方法、材料和步骤等内容，以评价其实验设计和操作能力。

（2）数据采集和处理

要求学生对实验过程中获得的数据进行整理、分析和处理，绘制图表并进行结果解释，以评价其数据分析和科学推理能力。

（3）结果分析和结论推断

要求学生根据实验结果进行结果分析和结论推断，探讨实验现象背后的物理原理，以评价其科学思维和逻辑推理能力。

（4）报告规范性

设计评价标准，评估实验报告的规范性和完整性，包括格式、文字表达和文献引用等方面，以培养学生的科学写作能力和学术素养。

3. 口头答辩和讨论

针对口头答辩和讨论形式的评价工具设计，可以从以下几个方面展开。

（1）答辩内容

设计一些与教学内容相关的问题，要求学生进行口头答辩或小组讨论，以评价其口头表达能力和思维逻辑能力。

（2）讨论过程

观察学生在讨论过程中的表现，包括发言积极性、逻辑性和合作性等方面，以评价其团队合作和沟通能力。

（3）深度思考

引导学生深入思考和探讨问题的本质，提出有深度和挑战性的问题，以促进学生思维的发展和提高。

（4）评价方式

设计评价标准，根据学生的表现进行评价和打分，包括口头表达清晰度、逻辑性和观点立场等方面，以提供及时有效的反馈。

4. 项目展示和展示形式

针对项目展示和展示形式的评价工具设计，可以从以下几个方面展开。

（1）项目设计

要求学生设计与物理相关的项目，如科学展示板、科技作品等，以评价其创新能力和综合运用知识的能力。

（2）展示内容

要求学生展示项目的设计思路、实施过程和研究的效果，让其他同学和教师了解项目的内容和意义。

（3）评价标准

设计评价标准，评估项目的创意性、实用性和展示效果等方面，以提供有针对性的反馈和建议。

（4）展示技巧

引导学生提高展示的技巧和效果，包括演讲表达、展示材料设计、展示流程安排等方面，以提高展示的专业水平和吸引力。

二、评价结果的反馈与调整

（一）反馈方式

评价结果的反馈应该及时有效，以帮助学生更好地理解自己的学习状况，并为进一步的学习提供指导。反馈方式可以采取以下三种形式。

1.个性化反馈

个性化反馈是针对每个学生的学习情况和表现进行具体分析和指导，以帮助他们了解自己的优势和不足，并提出个性化的改进建议。教师可以通过以下途径实现个性化反馈。

（1）面对面沟通

在课后或课间时间，与学生进行一对一的面谈，直接向他们反馈评价结果，倾听他们的想法和困惑，并提供针对性的建议和支持。

（2）书面反馈

通过书面形式向学生提供评价反馈，可以是批注在作业或实验报告上，也可以是给予个性化的评语和建议，以便学生能够仔细阅读和理解。

（3）个性化学习计划

根据学生的评价结果，为他们制定个性化的学习计划，明确目标、任务和时间安排，帮助他们有针对性地提高学习效果。

2.集体反馈

集体反馈是将评价结果进行总结和归纳，通过课堂讨论或集体会议的方式向全体学生进行反馈。这种方式能够激发学生的集体智慧，促进他们共同思考和改进。具体方法包括以下三种。

（1）课堂总结

在课堂上对评价结果进行简要总结，强调学生的优点和进步之处，同时指出存在的问题和改进的方向，鼓励学生积极参与讨论和思考。

（2）小组讨论

组织学生进行小组讨论，让他们分享自己的学习体会和感悟，互相借鉴经验，共同探讨解决问题的方法。

（3）班级会议

定期召开班级会议，让学生在集体中表达自己的看法和建议，共同商讨学习计划和目标，形成班集体的凝聚力和向心力。

3. 家长反馈

家长是学生学习过程中的重要支持者和监督者，向家长提供学生的评价结果和反馈意见，能够增强家校合作，共同关注学生的学习发展。可以通过以下方式进行家长反馈。

（1）家长会议

定期召开家长会议，向家长介绍学生的评价情况和学习表现，与家长共同探讨学生的发展方向和改进方法。

（2）电话或信函

主动与家长进行电话沟通或发送书面信函，向他们反馈学生的评价结果和建议意见，促进家校沟通和合作。

（3）家校互动平台

利用现代科技手段建立家校互动平台，方便教师和家长之间的信息交流和反馈，及时了解学生的学习情况和困惑，共同制定解决方案。

（二）调整策略

根据评价结果和反馈意见，教师可以及时调整教学策略和方法，以提高教学效果和学生的学习成效。调整策略可以从以下两个方面进行。

1. 内容调整

〔1〕重点知识强化

根据学生的评价结果，重点关注评价中显示的学习疑点和薄弱环节，对相关的知识点进行深入讲解和强化，确保学生对重要知识的掌握和理解。

（2）拓展学习内容

针对学生的学习兴趣和能力水平，适当拓展教学内容，引导学生进一步探索物理学的相关领域，激发他们的学习兴趣和探究欲望。

（3）课程进度调整

根据学生的学习情况和理解能力，灵活调整课程进度和安排，合理安排教学时间，确保学生能够逐步掌握和消化所学内容。

2. 方法调整

（1）差异化教学策略

根据学生的个性化需求和学习特点，采用差异化教学策略，包括分层教学、小组合作学习等，更好地满足学生的学习需求。

（2）多元化教学手段

尝试采用多种教学手段和方法，如实验教学、案例分析、互动讨论等，以激发学生的学习兴趣，提高教学效果。

（3）反思性教学实践

教师应反思自己的教学实践，及时调整教学方法和策略，不断改进教学过程，以提高学生的学习体验和学习成效。

第五章　高中物理教师角色与能力培养

第一节　现代高中物理教师角色的变革

一、传统角色：知识传授者和权威代表

（一）教师的角色定位

1. 教师作为领导者

在传统教育模式中，高中物理教师被赋予了领导者的角色。他们不仅是班级中的组织者和管理者，还承担着学生学业和行为的引导责任。教师通过组织课堂活动、管理学生学习行为等方式，发挥着领导作用，促进教学秩序的维护和学生学习的顺利进行。

2. 教师作为权威代表

传统教育中，教师被视为知识的权威代表。他们拥有丰富的学科知识和教学经验，被学生和家长尊重和信任。教师的话具有权威性，学生往往会遵循教师的指导和建议，将教师的观点视作标准。

3. 教师的指导和支持

除了传授知识，教师还承担着指导和支持学生学习的责任。他们在学习过程中起着引导作用，通过解答问题、讲解知识、提供学习资源等方式，帮助学生克服困难，提高学习效率和学习成绩。

4. 教师的榜样作用

教师不仅在学科知识方面具有权威性，还在品德修养和职业道德方面具有示范作用。他们以身作则，引导学生树立正确的人生观和价值观，培养学生的道德情操和社会责任感。

（二）教学方法的特点

1.以讲授为主导

传统教学方法主要以教师的讲授为主导。教师通过讲述知识点、解释概念、演示实验等方式，向学生传授物理知识，引导他们理解和掌握学科内容。

2.强调笔记和复习

在传统教学模式下，学生被要求认真听讲，做好笔记，并进行复习巩固。教师的授课内容通常是基于教科书或教学大纲，学生通过记录笔记和复习来加深对知识的理解和记忆。

3.讲解习题和练习

教师通过讲解习题和安排练习，帮助学生巩固所学知识，提高解题能力。讲解习题是教师巩固教学内容、评估学生掌握程度的重要环节，同时也是学生巩固知识、提高能力的重要途径。

4.实验教学

除了理论教学，实验教学也是传统教学方法的重要组成部分。通过实验，学生可以观察现象、验证理论、培养实验技能，从而加深对物理原理的理解和应用。

（三）学生角色的被动性

1.知识的接收者

在传统教学模式下，学生扮演被动的角色，主要是知识的接受者。他们通过听课、记笔记、做练习等方式，获取教师传授的知识，往往缺乏主动思考和探索的机会。

2.依赖教师指导

学生往往依赖教师的指导和引导，缺乏独立思考和解决问题的能力。他们习惯于在教师的指导下学习，对知识的理解和应用能力有待提高。

3.缺乏主体地位和个性化需求

在传统教学模式中，学生的主体地位和个性化需求往往被忽视。教学过程中，教师通常采取一刀切的教学方式，忽视学生的个体差异和学习特点，导致学生的学习兴趣和动力不足。

（四）教学目标的侧重点

1.知识传输和考试成绩

传统教学模式注重于知识的传输和学生对知识的接收。教师侧重于向学生传授课程内容，而学生的学习成效主要以考试成绩为评价标准，缺乏对学生综合素质和能力的培养。

2. 重视课程内容的覆盖率

教师在传统教学中往往注重课程内容的覆盖率，追求完成教学大纲所规定的知识点和章节，而忽视了对学生深层次思维能力和实践能力的培养。

3. 学生考试成绩作为评价标准

学生的学习成效主要以考试成绩为评价标准。教师和学校通常将学生的学习成绩作为衡量学生学习情况和教学效果的重要依据，而忽视了学生的综合素质和能力的培养，造成了对学生个体发展的局限性。

4. 忽视学生个性化需求

在传统教学模式下，教师往往忽视学生的个性化需求和学习特点，采取一刀切的教学方式。教学过程中缺乏针对性的教学设计和个性化的教学辅导，导致部分学生的学习需求得不到有效满足，影响了教学效果和学生学习动力。

二、转变角色：学习引导者和促进者

（一）教师的新定位

1. 转变为学习引导者和促进者

在教育理念的更新和教学模式的改革下，高中物理教师的角色逐渐转变为学习引导者和促进者。不再简单地传授知识，而是致力于培养学生的学习能力、解决问题的能力和创新思维。

2. 重视学生的主体地位

新定位下的教师更加关注学生的主体地位，重视学生的个性化需求和发展潜力。他们通过个性化的教学方法，针对不同学生的学习情况和特点，提供个性化的学习支持和指导，让每个学生都能够充分发挥自己的潜能。

（二）引导学生参与学习

1. 采用启发式教学方法

教师通过启发式教学方法，激发学生的学习兴趣和动力。他们提出问题、引导思考，让学生通过探索和发现来构建知识，从而更加深入地理解和应用所学内容。

2.促进解决问题的能力培养

教师注重培养学生解决问题的能力。他们通过引导学生分析问题、提出解决方案，培养学生的逻辑思维和创新能力，让他们具备独立解决问题的能力。

（三）建立师生平等关系

1.鼓励学生表达观点和提出问题

教师与学生建立起更加平等的关系，鼓励学生表达观点、提出问题。他们尊重学生的意见和想法，通过鼓励学生的参与，激发学生的学习动力和积极性。

2.实践性学习与合作

教师通过实践性学习和合作方式，营造积极的学习氛围。他们组织学生参与实验、项目研究等活动，让学生在合作中相互学习、共同进步，形成良好的学习氛围。

（四）强调学生的主体地位

1.个性化教学方法

教师注重学生的主体地位和个性化需求，采用个性化的教学方法满足不同学生的学习需求。通过分层教学、差异化教学等方式，让每个学生都能够按照自己的节奏和能力进行学习，发挥自己的潜能。

2.关注学生的学习情况和发展需求

转变后的教学模式注重关注学生的学习情况和发展需求。教师通过与学生的互动和交流，了解学生的学习状态和困难，及时给予学生帮助和支持，帮助他们克服困难，提高学习效果。

三、现代角色：学生学习的合作者和指导者

（一）教师的新定位

在现代教育实践中，高中物理教师的角色已经经历了显著的转变。不再局限于简单的知识传授和成绩评价，他们现如今更加关注学生的个性化发展和全面素质培养。这一变化源于对教育本质的深刻理解，认识到学生的学习过程不仅仅是为了应付考试，更是为了促进他们的全面成长和未来的终身发展。

在这一新定位下，高中物理教师不再仅仅是知识的传授者，更多地成了学生学习过程中的合作者和指导者。他们意识到每个学生都具有独特的学习方式、兴趣爱好和潜能，因此致力于与学生建立积极的合作关系，共同探索知识的奥

秘。教师鼓励学生提出问题、表达想法，并通过与学生的互动和交流，激发他们的学习兴趣和动力。这种合作式的学习模式不仅能够提高学生的学习积极性，还能够培养他们的批判性思维和创造性解决问题的能力。

同时，现代高中物理教师也更加注重学生的全面发展和素质培养。他们认识到学生的发展不仅仅局限于学术成就，还包括品德、社交、情感等多个方面。因此，教师通过多种途径和活动，促进学生的综合素质和能力的培养。例如，组织学生参加社区服务活动、科技竞赛、团队合作项目等，培养学生的领导力、团队合作意识和社会责任感。通过这些全面素质培养的举措，教师助力学生成为具有扎实知识基础、良好品德和创新能力的未来栋梁。

因此，高中物理教师的新定位不仅意味着他们在教学实践中的角色转变，更意味着教育理念和教学目标的深刻更新。他们不再局限于课堂内的知识传授，而是积极投入到学生全面发展的过程中，成为他们学习和成长道路上的引导者和榜样。这种新定位的教师不仅具有丰富的学科知识和教学经验，更具备敏锐的观察力、沟通能力和情感智慧，能够与学生建立起真诚而深厚的师生关系，激励学生实现自我超越，成就美好未来。

（二）个性化教学的实施

1. 运用差异化的教学方法

差异化教学方法的应用是现代教学实践中的一项重要策略，旨在更好地满足不同学生的学习需求和能力水平。高中物理教师通过差异化教学方法，实现了个性化教学，提高了教学效果，激发了学生的学习兴趣和动力。

在差异化教学中，教师首先需要充分了解学生的个性化需求和学习特点。通过课堂观察、学习档案、学习评估等方式收集学生的信息，了解他们的学习风格、兴趣爱好、学习能力等方面的情况。在此基础上，教师能够更加准确地把握学生的学习需求，为差异化教学的实施提供有效的基础。

针对不同学生的学习需求和能力水平，高中物理教师设计灵活多样的教学活动和任务。对于学习能力较强的学生，教师可以设计更加复杂和挑战性强的学习任务，以激发他们的学习兴趣和挑战欲望；对于学习能力较弱的学生，则可以设计简化或辅助性的学习任务，帮助他们逐步掌握知识和技能。

在教学内容方面，教师根据学生的学习需求和兴趣爱好，调整教学内容的深度和广度。对于对物理兴趣浓厚的学生，可以提供更多的拓展内容，满足他们的求知欲；对于对物理学习感到困难的学生，则可以适当简化教学内容，注重基础知识的夯实。

在教学方式方面，教师采用多样化的教学方法和手段，以满足不同学生的学习需求。例如，对于视觉型学生，教师可以通过图片、图表等形象化的方式呈现教学内容；对于听觉型学生，则可以采用讲解、讨论等口头交流的方式进行教学；对于动手型学生，教师可以设计实验、模拟等实践性的学习活动，让学生通过实践来巩固和应用所学知识。

教学节奏的调整也是差异化教学的重要内容。教师根据学生的学习进度和掌握情况，调整教学节奏的快慢，保证每个学生都能够跟上教学的步伐，避免因学习进度不同而产生的学习困难和挫败感。

2. 提供个性化的辅导

个性化辅导是现代教师在教学实践中的一项重要举措，旨在为学生提供个性化的学习指导和支持，帮助他们克服学习障碍，实现更好的学习成绩和全面发展。除了课堂教学外，现代教师通过一对一的交流和沟通，与学生建立起密切的师生关系，了解学生的学习情况和困难，为他们提供个性化的学习计划和支持措施。

第一，个性化辅导强调与学生的紧密互动和沟通。教师与学生进行充分的一对一交流，倾听学生的心声，了解他们的学习需求和困难。通过与学生的密切接触，教师能够更准确地把握学生的学习情况，发现问题，为他们提供针对性的帮助和支持。

第二，个性化辅导注重为学生制定个性化的学习计划。根据学生的学习特点和需求，教师为每个学生量身定制学习计划，明确学习目标和路径。这种个性化的学习计划考虑到了学生的学习能力、兴趣爱好和学习目标，能够更好地激发学生的学习兴趣和动力，提高学习效果。

第三，个性化辅导还包括提供必要的学习资源和支持。教师为学生提供丰富的学习资源，包括教材、参考书籍、网络资料等，帮助学生拓展知识面，深化学习内容。同时，教师还提供学习方法和技巧的指导，帮助学生掌握有效的学习方法，提高学习效率。

第四，个性化辅导强调持续的跟踪和反馈。教师与学生保持密切的联系，定期跟踪学生的学习进展，及时发现和解决学习中的问题。同时，教师还给予学生及时的反馈和鼓励，帮助他们保持学习的动力和积极性。

（三）探究式学习和合作学习的推广

1. 探究式学习的倡导者

现代教师在教学实践中充当了探究式学习的倡导者，他们深信通过实践和探索，学生能够更深入地理解和应用所学知识，培养出创新思维和解决问题的能力。为此，教师设计了一系列开放性的学习任务和项目，激发学生的学习兴趣，促使他们在实践中发现问题、解决问题，从而真正地掌握知识和技能。

第一，现代教师通过设计具有启发性和挑战性的学习任务，鼓励学生主动参与探究。这些任务通常具有一定的开放性，能够激发学生的好奇心和探索欲望，引导他们积极主动地探索知识的深层次内涵。例如，在物理学领域，教师可能设计一个开放性的实验项目，要求学生根据所学知识设计并完成一项物理实验，并在实践中观察、记录、分析数据，从中发现规律并得出结论。

第二，现代教师鼓励学生在学习过程中展开深入的探究和独立思考。他们不仅提供必要的指导和支持，还给予学生足够的自主空间，让他们在探究中发挥自己的想象力和创造力。教师不是简单地传授知识，而是充当了学生学习过程中的引导者和激励者，激发学生的学习兴趣和动力。这种探究式学习模式不仅能够提高学生的学习效果，还能够培养他们的独立思考和创新能力。

第三，现代教师通过开展项目式学习等活动，促进学生在团队中合作探究。他们鼓励学生组成小组或团队，共同完成一项综合性的项目任务，通过协作、交流和共享，彼此借鉴、相互学习，实现知识和经验的共享与传承。这种团队合作的探究式学习模式不仅能够培养学生的团队合作精神和沟通能力，还能够促进学生在合作中实现个人潜能的最大限度发挥。

2. 合作学习的促进者

教师作为合作学习的促进者，在现代教育实践中扮演着至关重要的角色。他们意识到合作学习不仅能够促进学生之间的相互交流和合作，还能够激发学生的学习兴趣，培养他们的团队合作意识和沟通能力。因此，教师积极推广合作学习，组织学生参与各种形式的小组项目、实验研究等活动，营造积极的学习氛围，促进学生在合作中相互学习、共同成长。

第一，教师通过组织小组项目活动，鼓励学生在团队中合作探究。这些项目通常设计得具有一定挑战性和创造性，要求学生在小组内共同制定计划、分工合作、协商决策，共同完成项目任务。通过这样的合作学习活动，学生不仅能够互相学习、相互帮助，还能够培养团队合作精神和领导能力，实现个人与集体的共同进步。

第二，教师鼓励学生在实验研究等活动中展开合作学习。在物理学科中，实验研究是学生探索物理世界、巩固知识的重要途径。教师可以将学生分成小组，共同设计实验方案、收集数据、分析结果，并共同总结实验结论。通过实验研究中的合作学习，学生不仅能够提高实验技能，还能够培养科学探究精神和团队协作能力。

第三，教师还鼓励学生在课堂讨论和解决问题的过程中展开合作学习。在课堂上，教师可以组织学生进行小组讨论、合作解决问题，让学生共同思考、共同探讨，通过合作交流达成共识。这种合作学习的方式能够激发学生的思维活跃性，促进知识的共享和交流，培养学生的批判性思维和团队协作能力。

（四）引导学生自主学习

现代教师在教学实践中积极引导学生进行自主学习，这是为了培养学生的自主学习能力、独立思考能力和自我管理能力，使其成为未来能够自主学习和不断成长的终身学习者。为了实现这一目标，教师采取了一系列措施，包括提供丰富的学习资源、制定个性化的学习计划、提供必要的指导和支持等。

第一，现代教师为学生提供了丰富多样的学习资源。这些资源包括但不限于书籍、网络资料、学习工具、多媒体资源等。通过提供多样化的学习资源，教师能够满足不同学生的学习需求和兴趣，让他们有更多选择的余地，从而更好地开展自主学习。

第二，教师为学生制定了个性化的学习计划和目标。根据学生的学习需求、兴趣爱好和能力水平，教师与学生共同制定学习计划，并明确学习目标和时间安排。这种个性化的学习计划能够帮助学生更好地了解自己的学习方向，提高学习的针对性和有效性。

第三，教师提供必要的指导和支持，帮助学生实现自主学习。在学习过程中，学生可能会遇到各种问题和困难，需要教师给予及时的指导和支持。教师可以与学生进行一对一的交流，了解学生的学习情况和困难，为他们提供解决问题的方法和建议，帮助他们克服学习障碍，实现学习目标。

第四，教师还鼓励学生根据自己的兴趣和需求，自主选择学习内容和学习方式。在教学过程中，教师不仅仅是知识的传授者，更是学生学习过程中的引导者和激励者。他们鼓励学生积极参与学习活动，发挥自己的学习潜能，探索和发现知识的乐趣。

现代教师通过提供资源和指导，引导学生进行自主学习。他们注重培养学生的自主学习能力和独立思考能力，使其成为具有自主学习意识和能力的终身学习者。这种自主学习模式不仅能够提高学生的学习效果，还能够培养其全面发展和终身学习的能力。

第二节　教师专业能力培养的重要性

一、专业能力培养的基本框架

（一）理论基础

1. 教育学知识的重要性

（1）教育学的研究对象

教育学作为一门综合性的学科，研究的对象涵盖了教育的各个方面，包括教育的目的、内容、方法、组织等。教育学通过系统的理论框架和方法论，对教育现象进行科学的分析和解释，为教师的教育实践提供了理论支撑。

（2）指导教师的教学实践

教育学知识可以帮助教师更深入地理解教育的本质和规律，从而指导教师的教学实践。通过学习教育学知识，教师能够了解不同教育理论对于教学的影响，掌握不同教学方法的优缺点，为教学活动的设计和实施提供理论支持。

（3）提高教学的针对性和有效性

教育学知识的掌握有助于教师更好地理解学生的成长过程和学习需求，从而提高教学的针对性和有效性。教师可以根据学生的认知水平、兴趣特点和学习风格，有针对性地设计教学内容和教学活动，创设良好的学习环境，促进学生的全面发展。

2. 心理学的应用

（1）理解学生的心理特点和学习规律

心理学为教师提供了深入理解学生心理特点和学习规律的基础。教师通过学习心理学知识，能够更好地了解学生的认知发展、情感发展、社会发展等方面的特点，有针对性地设计教学活动，满足学生的学习需求。

（2）调动学生的学习积极性和创造性

了解学生的心理特点有助于教师更好地调动学生的学习积极性和创造性。教师可以根据学生的心理特点，设计具有挑战性和启发性的教学任务，激发学生的学习兴趣，促进其积极参与和主动探索。

（3）个性化教学的实施

心理学知识还能够帮助教师了解不同个体之间的差异性，从而实施个性化教学。教师可以根据学生的个体差异，采用不同的教学策略和方法，满足不同学生的学习需求，促进其个性化发展。

3. 教学方法学的掌握

（1）多样化的教学方法

教学方法学为教师提供了丰富多样的教学方法和策略。教师可以根据教学内容、学生特点和教学环境的不同，灵活运用各种教学方法，如讲授法、讨论法、实验法、案例法等，以提高教学的灵活性和多样性。

（2）教学效果的提高

掌握教学方法学知识有助于教师提高教学效果。教师可以根据教学目标和学生的学习情况，选择最适合的教学方法，增强教学的针对性和有效性，提高学生的学习兴趣和学习效果。

（3）促进学生的主动学习

通过灵活运用各种教学方法，教师能够激发学生的主动学习。多样化的教学方法不仅能够提供丰富的学习体验，还能够培养学生的学习兴趣和自主学习能力，促进其在学习过程中的主动参与和积极探索。

（二）教学实践

1. 实践的重要性

教学实践对于教师专业能力的培养至关重要。仅有理论知识是远远不够的，教师必须将其应用于实际教学中才能真正发挥作用。教学实践的重要性包括以下四个方面。

（1）将理论知识应用到实践中

教师在实践中能够将学习到的教育理论、心理学知识等应用到实际教学中，从而更好地指导学生学习。

（2）积累教学经验

通过实践，教师可以不断积累教学经验，逐步提高自己的教学水平，形成自己教学风格和特点。

（3）发现问题并解决问题

实践中教师往往会面临各种各样的问题，例如学生的学习困难、课堂管理问题等。通过实践，教师能够及时发现这些问题，并寻求解决之道，不断提升自己解决问题的能力。

（4）改进教学方法

实践中，教师可以尝试不同的教学方法和策略，发现其优缺点，并根据实际情况对教学方法进行调整和改进，以提高教学效果。

2. 实践能力的培养

教师需要具备良好的实践能力，这包括以下三个方面。

（1）教学设计能力

教师需要设计具有针对性和有效性的教学方案，根据学生的特点和学科内容进行教学设计，使教学内容更加生动有趣，更容易被学生理解和接受。

（2）课堂管理能力

良好的课堂管理能力对于教学效果至关重要。教师需要有效地组织课堂秩序，调动学生的学习积极性，确保教学顺利进行。

（3）教学反思能力

教师需要具备教学反思的能力，及时总结教学过程中的经验教训，发现问题并及时改进。通过不断反思和总结，教师能够逐步提高自己的教学水平和能力。

（三）教学评价

1. 评价方式的设计

教学评价在教师专业能力培养中扮演着重要的角色，因此需要设计多样化、全面的评价方式：

（1）考试评价

考试是常见的评价方式之一，可以用来检验学生对知识的掌握程度。通过设计不同形式的考试题目，如选择题、填空题、解答题等，评价学生对于物理知识的理解和运用能力。

（2）作业评价

作业是检验学生学习情况的有效手段。教师可以布置各种形式的作业，包括书面作业、实验报告、课堂小组讨论等，以评价学生的学习态度、动手能力以及团队合作能力。

（3）项目评价

通过开展项目学习或科研项目，评价学生的综合能力和创新能力。教师可以根据项目的完成情况、成果展示以及学生的表现等方面进行评价。

（4）课堂表现评价

观察学生在课堂上的表现，包括积极参与讨论、提出问题、解答问题等，评价学生的课堂表现能力和思维能力。

2. 及时的指导和反馈

教师在评价学生的学习情况时，需要及时给予指导和反馈，以促进学生的进步和成长。

（1）个性化指导

针对学生的不同情况和学习需求，提供个性化的指导和建议。教师可以根据学生的学习表现，为其制定相应的学习计划，并提供针对性的辅导。

（2）积极的反馈

及时给予学生积极的反馈，强调其学习中的优点和进步之处，鼓励学生继续努力。同时，也要指出学生存在的不足之处，并提出改进建议，帮助学生找到提升的方向。

（3）建立反馈机制

建立学生与教师之间的良好沟通机制，鼓励学生主动向教师反馈学习情况和困难。教师可以根据学生的反馈及时调整教学策略，满足学生的学习需求。

二、教师培训与发展机制

（一）系统培训课程和活动

1. 教学方法培训

教学方法培训是教师培训中的重要组成部分，旨在帮助教师掌握各种有效的教学方法和策略，以提升他们的教学水平和能力。

这种培训通常涵盖以下内容。

（1）启发式教学

启发式教学是一种注重激发学生思维和自主探索的教学方法，其核心理念在于通过提出问题、情境设置等方式，引导学生积极参与学习过程，自主发现知识，培养其探究精神和创新能力。在启发式教学中，教师不再是简单地向学生传授知识，而是扮演着引导者和促进者的角色，通过精心设计的问题和情境，激发学生的思维，引导他们主动探索解决问题的方法和策略。

一项成功的启发式教学需要教师在教学设计和实施过程中具备一定的能力和技巧。首先，教师需要具备深厚的学科知识和教育理论基础，以便能够准确把握学生的认知水平和学习需求，合理设计启发式教学的问题和情境。其次，教师需要具备良好的沟通能力和指导技巧，能够与学生建立良好的互动关系，在教学过程中引导学生思考，激发他们的学习兴趣和动力。此外，教师还需要不断反思和改进自己的教学实践，以提高启发式教学的效果和质量。

启发式教学的实施对学生的学习有着积极的影响。首先，它能够激发学生的学习兴趣和主动性，使其更加积极地参与到学习过程中。其次，启发式教学注重培养学生的问题解决能力和创新思维，有助于提高学生的综合素质和能力。最后，通过启发式教学，学生不仅能够掌握知识，更能够学会如何学习，为未来的学习和发展奠定坚实的基础。

（2）问题解决教学

问题解决教学是一种注重学生实际问题解决能力培养的教学方法，其核心理念在于通过引导学生解决真实的问题来学习知识，从而培养他们的问题解决能力和应用能力。在问题解决教学中，教师不再是简单地向学生传授抽象的知识，而是以问题为导向，引导学生思考和探索解决问题的方法和策略。

问题解决教学的实施通常包括以下几个关键步骤。首先，教师需要确定一个具体的、真实的问题情境，该问题既能够引发学生的兴趣，又能够涉及学生需要学习的知识和技能。其次，教师引导学生分析问题，探讨解决问题的可能途径和方法，激发学生的思维活动。接着，学生在教师的指导下，通过调查研究、实验探究等方式，积极寻找解决问题的办法，并进行实际操作和尝试。最后，学生通过总结和反思，评价解决问题的过程和结果，从中获取经验教训，提高自己的问题解决能力和应用能力。

问题解决教学对学生的学习有着积极的影响。首先，它能够激发学生的学习兴趣和主动性，使他们更加积极地投入到学习过程中。其次，问题解决教学注重培养学生的实际操作能力和创新思维，有助于提高学生的综合素质和应用能力。最后，通过解决实际问题，学生不仅能够掌握知识，更能够将其应用于实践中，为未来的学习和工作打下坚实的基础。

（3）合作学习

合作学习作为一种重要的教学方法，强调学生之间的合作、互动和交流，旨在促进学生的学习效果和发展。在合作学习中，教师将学生组织成小组，让他们共同参与学习任务的完成，通过相互合作和交流，达到共同学习、共同成长的目的。

这种教学方法的核心理念在于通过学生之间的互动和合作，激发学生的学习动机和兴趣，促进他们的思想碰撞和知识共享。在合作学习中，学生通过与他人合作，共同探讨问题、解决困难，不仅能够增进彼此之间的理解和信任，还能够拓展自己的思维，深化对知识的理解。通过分享观点、交流想法，学生能够从不同的角度去思考问题，获取更广泛、更深入的知识，从而提高学习效果。

教师在组织合作学习时起着重要的引导作用。首先，教师需要精心设计合作学习任务，确保任务具有挑战性和启发性，能够激发学生的学习兴趣和动力。其次，教师要合理组织小组，确保每个小组的成员之间能够相互配合、共同努力。同时，教师还需要积极引导学生之间的讨论和交流，促进他们之间的思想碰撞和知识共享。最后，教师需要及时对学生的合作学习进行评价和反馈，帮助他们总结经验、发现问题，进一步提高学习效果。

2.学科知识更新

在当今科技不断发展的时代，教师的学科知识更新至关重要。随着科学技术的日新月异和学科知识的不断扩展，教师需要与时俱进，不断更新自己的学科知识，以保持专业素养和教学水平的竞争力。为了满足教师的这一需求，学校或教育机构可以组织相关的学科知识更新培训，为教师提供最新的学科发展动态和知识更新的平台。

这种学科知识更新培训通常由专业的学者或行业专家主讲，内容涵盖了学科的前沿知识、最新研究成果以及学科发展趋势等方面。通过参与这样的培训活动，教师不仅能够了解到最新的学科知识，还能够深入探讨学科研究的热点和难点问题，拓展自己的学术视野，提高自己的学科素养和专业水平。

除了更新学科知识外，这种培训还能够激发教师对学科的兴趣和热情。通过与专业的学者和行业专家的交流与互动，教师可以深入了解学科的魅力和价值，进一步坚定自己在教育事业中的使命和责任。这种积极的学习态度和专业精神将直接促进教师在教学中更好地传递和应用这些更新的学科知识，提高教学质量，培养学生的综合素养和创新能力。

3. 课程设计与评价

教师培训在课程设计与评价方面的内容至关重要，它直接关系到教学的质量和效果。首先，课程设计是教学活动的基础，良好的课程设计能够确保教学内容的系统性、连贯性和针对性。通过学习课程设计理论和实践经验，教师可以深入了解课程设计的原理和方法，掌握设计课程的技巧，灵活运用不同的教学策略和手段，使教学内容更加生动有趣、易于理解和吸收。此外，教师还应当结合学生的实际情况和学习需求，设计具有挑战性和启发性的教学活动，激发学生的学习兴趣，培养他们的创新能力和实践能力。

另一方面，教学评价是课程设计的重要补充，它能够客观地反映学生的学习情况和教学效果，为教师提供改进教学的依据和方向。在教师培训中，教学评价的理论和方法是必不可少的内容。教师需要学习如何设计有效的评价方式和工具，如何进行客观公正的评价，以及如何及时给予学生指导和反馈。通过学习教学评价的理论和方法，教师可以更好地了解学生的学习需求和困难，及时调整教学策略和方法，提高教学的针对性和有效性。

（二）教师发展机制

1. 评价考核

建立健全的教师评价考核制度是教师发展机制的关键组成部分。这一制度旨在通过对教师的教学水平、教学效果、学科知识掌握等方面进行全面、客观的评价，为教师提供改进和提升的方向。

在评价考核中，可以采用多种评价方法，包括以下三个方面。

（1）教学观摩与评估

教学观摩与评估是教师专业发展和提高教学水平的重要途径之一。通过组织其他教师或专家对教师的课堂教学进行观摩和评估，可以获取客观的反馈和建议，帮助教师发现自身的优势和不足，从而更好地改进教学，提高教学效果。

第一，教学观摩和评估能够为教师提供客观的反馈。其他教师或专家可以从不同的角度和专业视角来评价教师的教学，发现教学中存在的问题和不足之处，提出针对性的建议和改进建议。这种客观的反馈有助于教师认清自身的教学特点和风格，及时调整教学方法和策略，提高教学质量。

第二，教学观摩和评估可以促进教师之间的交流与分享。在观摩评估的过程中，教师们可以互相借鉴和学习，分享教学经验和教学方法，共同进步。通过与他人的交流和分享，教师可以拓展自己的教学思路，吸收他人的优点，丰富自己的教学技能，提高教学水平。

第三，教学观摩和评估还可以促进教师的专业成长和发展。通过参与观摩评估活动，教师可以不断反思和总结自己的教学实践，发现问题并加以解决，提高自己的教学能力和水平。这种反思与总结的过程是教师专业成长和发展的关键环节，有助于教师不断提升自己的教学水平，适应教育领域的不断变化和发展。

（2）学生评价

学生评价是教师评估教学效果的重要手段之一，也是促进教学质量持续改进的重要途径。通过让学生对教师的教学进行评价，可以充分了解教师教学效果、在学生眼中的形象以及学生对教学的满意度和建议。

第一，学生评价能够客观反映教学效果。学生是课堂教学的直接参与者和受益者，他们的评价能够从学生的角度出发，反映教师的教学质量和效果。学生的评价可以帮助教师了解自己在教学过程中的优点和不足，及时调整教学策略和方法，提高教学质量。

第二，学生评价有助于建立良好的师生关系。通过与学生建立双向沟通和交流的机制，教师可以更加贴近学生的需求和期望，促进师生之间的互动和理解。教师可以倾听学生的意见和建议，及时解决学生的问题和困惑，增强学生的参与感和归属感，建立起良好的师生关系。

第三，学生评价还可以促进教学改革和创新。通过收集学生的评价意见和建议，教师可以发现教学中存在的问题和不足，探索和尝试新的教学方法和策略，不断改进教学方式，提高教学质量和效果。学生评价的结果可以为教师提供宝贵的改进方向和参考，推动教学改革和创新的不断深入。

（3）教学成果评价

教学成果评价是评估教师教学效果和学校教育质量的重要手段之一，涵盖了多个方面的内容。其中，学生的学习成绩是最为直观和常见的评价指标之一。学生的学习成绩反映了教学的有效性和学生的学习情况，是评估教学成果的重要依据之一。教师的教学水平和能力往往可以通过学生的考试成绩来间接反映出来，高水平的教师往往能够带领学生取得优异的学习成绩。

除了学生的学习成绩外，学科竞赛成绩也是评价教学成果的重要指标之一。学科竞赛是学生在学科领域展示自己学习成果的重要舞台，也是学校教育质量的重要体现。优秀的教学成果往往能够在学科竞赛中得到体现，教师和学校通过学生在学科竞赛中取得的成绩，可以间接评价教学质量和教育水平。

此外，教学研究成果也是评价教学成果的重要指标之一。教师在教学实践中积累了丰富的经验和教学成果，这些成果可以通过教学研究的形式进行总结和分享。教学研究成果的质量和数量可以反映出教师在教学实践中的创新能力和教学效果，对于评价教师的教学成果具有重要的参考价值。

2. 晋升晋级

晋升晋级机制在教师职业发展中具有重要的作用，它不仅是教师个人专业成长的重要途径，也是对教师工作表现的一种认可和激励。在现代教育体系中，学校或教育机构普遍采用晋升晋级机制来评定教师的绩效和职业水平。

第一，晋升晋级机制是基于教师的教学成果、科研成果以及教育教学管理能力等方面的表现来进行评定的。教师的教学成果主要包括学生的学习成绩、课堂教学效果等；科研成果涵盖教师在学科领域的科研论文、项目成果等；而教育教学管理能力则体现在教师对课堂管理、学生管理以及教学管理等方面的能力表现。通过对这些方面的评估，可以客观地评定教师的绩效和职业水平。

第二，晋升晋级机制能够激励教师积极投入工作，提高自身的专业水平和素质。教师在追求晋升晋级的过程中会不断提升自己的教育水平和专业技能，以达到晋升的要求。这种积极性和努力促进了教师的专业发展，也提升了整体教育教学水平。

第三，晋升晋级也是对教师工作的一种认可和鼓励。通过晋升晋级，学校或教育机构向教师传递了一种肯定和赞赏，这种认可能够增强教师的工作动力和责任感，使他们更加积极地投入到教育教学工作中，促进教育事业的持续发展。

3. 奖惩激励

建立奖惩激励机制在教育教学管理中具有重要意义，能够有效地调动教师的积极性和创造力，提高教育教学工作的质量和水平。这一机制通过对教师的表现进行奖励和惩罚，促使教师不断改进自身工作水平，从而推动整个教育事业的不断发展。

第一，对于表现优秀的教师，应该给予适当的奖励。这些奖励可以包括荣誉称号、奖金、晋升晋级等。荣誉称号是对教师工作成就的一种认可，可以激励教师继续发展和进步；奖金则是一种物质奖励，可以提高教师的工作积极性；晋升晋级则是对教师专业水平的肯定，能够增强教师的工作动力和责任感。这些奖励不仅可以激励教师积极投入工作，提高工作效率，还可以提升整体教育教学水平，推动学校的发展。

第二，对于表现不佳的教师，也应该及时给予必要的指导和批评。这种惩罚机制不是单纯地惩罚，而是通过指导和批评，帮助教师认识到自身存在的问题，并提供改进的机会和途径。通过及时的指导和批评，可以帮助教师认识到自身存在的不足之处，从而促使其改进工作方法，提高工作水平。同时，这也是对教师责任的一种提醒，让教师意识到自己在教育教学工作中的责任和使命，进一步激发其对工作的热情和责任感。

总之，建立奖惩激励机制对于促进教育教学工作的改进和发展具有重要意义。通过对教师表现的奖励和惩罚，可以调动教师的积极性和创造力，提高教育教学质量，推动学校的进步和发展。同时，这也是对教育教学管理的一种有效手段，有助于建立良好的教师队伍，提升整体教育水平。

第三节　提升教师专业能力的策略与途径

一、持续教育的重要性与方式

（一）重要性

持续教育对高中物理教师的专业发展至关重要。在当今科技快速发展的时代背景下，物理学科作为科学的重要组成部分，其知识和教学方法也在不断更新和演进。因此，教师需要通过持续教育不断提升自己的专业水平，以应对教育领域的新挑战和需求。

第一，持续教育使教师能够及时了解最新的教学理念和方法。教育领域的理论和实践都在不断地发展和更新，新的教学方法和理念不断涌现。通过持续教育，教师可以接触到最新的教学思想和方法，了解前沿的教育理论，从而更好地指导学生的学习，提高教学效果。

第二，持续教育有助于教师不断更新和拓展自己的知识体系。随着科学技术的发展，物理学科的知识体系也在不断扩展和深化。持续教育可以让教师及时了解到新的科研成果和学科发展动态，帮助他们不断拓展自己的知识领域，保持学科知识的更新和活力。

第三，持续教育还可以提升教师的教学技能和能力。教学技能的提升是教师专业发展的重要方面，而这需要通过不断的学习和实践来实现。持续教育可以为教师提供各种形式的培训和学习机会，帮助他们掌握新的教学方法和技巧，提高课堂教学的效果和质量。

第四，持续教育可以提升教师的专业素养和职业发展能力。教师的专业素养是指教师在教育教学领域内所具备的知识、技能和态度，是评价教师综合素质的重要标准之一。通过持续教育，教师可以不断提升自己的专业素养，提高自身的竞争力，为个人的职业发展打下良好的基础。

（二）方式

1. 集中培训

（1）集中培训的特点和优势

①系统性和全面性

集中培训通常由专业的教育培训机构或学校组织，内容涵盖面广，涉及物理学科的各个方面，如最新研究成果、教学方法、教学资源等，能够帮助教师系统地学习和了解新知识。

②专业性和权威性

集中培训由行业专家或有丰富教学经验的教师授课，具有一定的专业性和权威性，教师能够从他们的经验和知识中获取有效的指导和建议。

③交流互动

参加集中培训的教师来自不同的学校和地区，能够促进教师之间的交流和互动，分享教学经验、交流教学观点，从而拓展自己的视野，获得新的启发和认识。

④激发学习热情

集中培训通常设置有针对性的课程和活动，能够激发教师的学习热情和动力，增强学习的积极性和主动性，从而提升教学质量和效果。

⑤及时更新

由于集中培训通常涉及最新的教学理念和方法，教师能够及时了解物理教育领域的最新动态和发展趋势，及时更新自己的教学理念和方法，提高教学水平和能力。

（2）集中培训的实施方式和注意事项

①选择合适的培训机构或学校

教师在选择参加集中培训时，应该选择有一定知名度和信誉度的培训机构或学校，确保培训的质量和效果。

②合理安排学习时间

教师在参加集中培训时，需要合理安排学习时间，确保能够全身心投入到学习中，充分吸收和消化所学内容。

③积极参与互动交流

教师在集中培训中应该积极参与互动交流，与他人分享自己的经验和观点，倾听他人的意见和建议，从中获取启发和提升。

④注重实践应用

集中培训不仅仅是理论知识的传授，更重要的是能够将所学知识和方法应用到实际教学中，教师应该注重实践应用，确保所学知识能够真正转化为教学效果。

⑤持续反思和总结

教师在参加集中培训后，应该及时进行反思和总结，分析自己的不足和提升空间，不断完善自己的教学方法和能力，实现教学水平的持续提升。

2. 网络学习

（1）网络学习的特点和优势

①灵活便捷

网络学习具有时间灵活、地点自由的特点，教师可以根据自己的时间和地点选择合适的学习方式和学习内容，无须受限于时间和空间的限制。

②资源丰富

网络学习涵盖的资源丰富多样，包括在线课程、学术网站、教育平台等，教师可以根据自己的需求和兴趣选择适合自己的学习内容和学习方式，满足个性化的学习需求。

③互动交流

网络学习平台通常设置有讨论区和在线交流平台，教师可以通过与他人的交流和互动，分享教学经验、交流学习心得，从中获取新的思路和启发。

④更新及时

网络学习平台通常能够及时更新最新的教学资源和学术成果，教师可以通过网络学习了解物理教育领域的最新动态和发展趋势，及时更新自己的教学理念和方法。

⑤个性化学习

网络学习具有个性化学习的特点，教师可以根据自己的兴趣和需求选择合适的学习内容和学习方式，自主安排学习进度和学习计划，实现个性化的学习目标。

（2）网络学习的实施方式和注意事项

①选择正规平台

教师在进行网络学习时，应该选择正规的在线教育平台或学术网站，确保所学内容的权威性和可靠性。

②合理规划学习时间

网络学习具有灵活性，但也需要教师合理规划学习时间，确保能够保持学习的持续性和高效性。教师可以根据自己的工作安排和学习需求，合理安排每天的学习时间，确保能够坚持学习。

③注意学习内容的选择

教师在进行网络学习时，应该根据自己的学习需求和目标，选择合适的学习内容和学习资源。可以从多个渠道获取信息，综合考虑各方面因素，确保所选择的内容具有实际的学习意义和应用价值。

④积极参与互动交流

网络学习平台通常设置有讨论区和在线交流区，教师应该积极参与互动交流，与他人分享学习心得、交流学习经验，从中获取新的启发和认识。

⑤注重实践应用

网络学习不仅仅是获取知识，更重要的是能够将所学知识和方法应用到实际教学中。教师在进行网络学习时，应该注重实践应用，结合自己的教学实践，将所学知识转化为教学效果，提高教学质量和水平。

3. 自主学习

（1）自主学习的特点和优势

①灵活自由

自主学习是一种自主选择学习内容和学习方式的学习方式，教师可以根据自己的兴趣和需求，自由选择学习内容和学习时间，实现学习的灵活和自由。

②个性化学习

自主学习具有个性化学习的特点，教师可以根据自己的学习目标和学习进度，制定个性化的学习计划和学习方案，实现个性化学习的目标和要求。

③探索性学习

自主学习鼓励教师主动探索和学习，不受外界干扰和限制，可以自由地探索和发现知识，提高自己的学习能力和自主思考能力。

④反思性学习

自主学习注重教师的主动反思和总结，教师可以根据自己的学习情况和学习效果，及时进行反思和总结，发现问题并加以改进，实现学习的持续提升。

⑤长期性学习

自主学习是一种长期性的学习方式，教师可以通过自主学习不断积累知识和经验，持续提升自己的教学水平和能力，实现教学事业的长期发展和进步。

（2）自主学习的实施方式和注意事项

①明确学习目标

教师在进行自主学习时，应该明确学习目标和学习需求，确定自己想要达到的学习目标和学习效果，从而有针对性地选择学习内容和学习方法。

②制定学习计划

教师可以根据自己的学习目标和学习需求，制定详细的学习计划和学习安排，包括学习时间、学习内容、学习方式等，确保能够有条不紊地进行学习。

③多元化学习资源

教师在进行自主学习时，应该多渠道获取学习资源，包括书籍、期刊、网络资源等，从不同的方面获取信息，拓展自己的学习视野和思路。

④持续反思和总结

自主学习不仅仅是获取知识，更重要的是能够及时进行反思和总结，分析自己的学习情况和学习效果，发现问题并加以改进，实现学习的持续提升。

⑤保持学习态度

自主学习需要教师具备良好的学习态度和学习习惯，要保持学习的持续性和耐心，不断积累知识和经验，实现个人的学习目标和发展需求。

二、专业社群的建设与共享

（一）建设的重要性

建立和发展专业社群对于高中物理教师的专业成长具有重要意义。在专业社群中，教师可以与同行进行交流和互动，分享教学经验、教学资源和教学方法，共同解决教学中的难题，促进教学水平的提高。

（二）共享的方式

1. 线上交流平台

建立和发展专业社群对于高中物理教师的专业成长具有重要意义。在这样的社群中，教师们得以相聚一堂，不仅是为了互相交流学科知识，更是为了分享彼此的教学心得和经验。通过这种交流和分享，教师们能够从其他成员的成功案例中获得启发和借鉴，发现新的教学方法和策略，进而提高自己的教学水平。在专业社群中，教师们可以讨论教学中遇到的问题，共同探讨解决方案，互相支持和鼓励。这种合作与分享的氛围有助于教师们更加深入地理解学科知识和教学理念，促进他们的专业成长和发展。

此外，专业社群还为教师提供了一个持续学习和自我提升的平台。在这样的社群中，教师们不断接触到新的教学理念、方法和技术，通过与同行的交流和讨论，加深对教学问题的认识，拓展自己的教育视野。同时，专业社群也为教师提供了参与各种专业培训和学术研讨的机会，帮助他们不断提升自己的教学能力和专业素养。通过持续学习和不断提升，教师们能够更好地适应教育改革和社会发展的需要，为学生提供更加优质的教育服务。

除了促进教师个人的专业成长外，建立和发展专业社群还有助于推动整个学科领域的发展。在这样的社群中，教师们可以共同探讨学科的发展方向和未来趋势，分享学科研究的最新成果和进展，共同推动学科知识体系的完善和更新。通过与其他领域的专业人士进行交流和合作，高中物理教师能够更好地将学科知识与实际教学相结合，促进学科的跨学科融合和发展。这种学科领域的合作与交流有助于拓展学科研究的广度和深度，推动学科的创新和进步。

2. 线下研讨活动

定期组织物理教师的线下研讨会、教学观摩活动等是促进教师专业成长的重要举措。这些活动为教师提供了面对面的交流机会，让他们能够在实践中学习、在交流中成长。在这样的研讨会和观摩活动中，教师们可以亲身参与各种形式的讨论和交流，分享彼此的教学心得和经验，共同探讨教学方法和策略，以此促进自身教学水平的提高。

第一，线下研讨会为物理教师提供了一个深入交流的平台。教师们可以就特定的教学主题展开深入的讨论，分享自己的教学实践经验和方法，交流教学中的挑战和解决方案。通过面对面的交流，教师们能够更加直观地理解彼此的观点和想法，从中获得启发和灵感，促进自己的教学改进和创新。

第二，教学观摩活动为教师提供了借鉴和学习的机会。在观摩其他教师的教学过程中，教师们可以发现不同的教学方法和策略，了解其他教师的成功经验和教学技巧，从中吸取有益的经验和教训。通过观摩他人的教学实践，教师们能够拓展自己的教学视野，丰富自己的教学方法，提高自己的教学水平。

第三，线下研讨会和教学观摩活动还有助于建立教师之间的合作与共享文化。在这样的活动中，教师们能够建立起紧密的师生关系，促进团队合作和教学资源的共享。通过相互帮助和支持，教师们能够共同解决教学中的难题，提高教学质量，为学生提供更加优质的教育服务。

3. 合作共享平台

建立专门的合作共享平台是教育领域中一项至关重要的举措，尤其对于促进教师专业成长和提高教学质量具有重要意义。这样的平台，例如教学资源库和教学设计平台，为教师们提供了一个便捷的渠道，可以共享各类教学资源、教案、教学设计等。通过共享平台，教师们能够充分利用彼此的优势和资源，实现教学互助、相互学习，从而提高教学效率和质量。

第一，教学资源库作为一个共享平台，汇集了丰富多样的教学资源，包括教学课件、教学视频、实验设计等。这些资源是教师们在日常教学中的宝贵资产，通过建立资源库，教师们可以将自己制作或收集的优质资源进行分享，让更多的教师和学生受益。比如，一位教师设计了一份生动有趣的课件，另一位教师则可以在教学过程中借鉴这份课件，提高自己的教学效果。通过资源库的建设，教师们能够节约教学准备的时间和精力，更加便捷地获取优质的教学资源，进而提升教学质量。

第二，教学设计平台是另一个重要的合作共享平台，它为教师们提供了一个交流教学设计和教学经验的平台。在这个平台上，教师们可以分享自己的教学设计、教学方法和教学经验，进行教学理念和教学策略的交流和探讨。例如，一位教师在教学中设计了一种新颖的教学方法，通过在平台上分享自己的经验和心得，可以为其他教师提供借鉴和启发，促进教学水平的提高。同时，教师们也可以在平台上相互交流，共同探讨教学中遇到的问题，寻找解决方案，从而提升教学质量。

第三，建立合作共享平台还有助于促进教师之间的合作与交流。在这样的平台上，教师们能够建立起紧密的师生关系，形成良好的合作氛围。他们可以相互支持和帮助，共同解决教学中的难题，为学生提供更加优质的教育服务。通过合作共享平台，教师们能够共同进步，为教育事业的发展贡献力量。

第六章　高中物理学生学习主体地位的确立

第一节　学生学习主体地位的教育原则

一、学生主体地位理论解读

学生学习主体地位理论是教育领域中的重要理论之一，其核心在于将学生置于学习过程的中心地位，将学生视为学习的主体和活动的主体。这一理论强调尊重学生的主体性和个性发展，认为教育应以学生为中心，关注学生的学习需求和兴趣特点，激发其学习的内在动力和积极性。

（一）学生主体地位的核心理念

学生学习主体地位理论的核心理念是将学生视为学习的主体和活动的主体。这意味着教育应当以学生为中心，充分尊重学生的个性和发展需求，以满足学生的学习兴趣和需求为导向。学生主体地位理论认为，学生应该在学习过程中扮演积极主动的角色，通过自主学习、合作学习和探究学习等方式，实现个人发展和全面素质提升。

1. 理论背景与概念界定

学生主体地位理论的兴起源于对传统教育模式的反思和批判。在传统教育中，教师往往扮演主导角色，学生被动接受知识传授，缺乏对学习过程的主动参与和控制权。20 世纪后期以来，随着教育理论的发展和社会变革的推动，学生主体地位理论逐渐崭露头角。

学生主体地位理论将学生置于学习的中心地位，视为学习的主体和活动的主体。这一理论主张教育应当以学生的发展需求和个性特点为出发点，充分尊重学生的主体性，激发学习的内在动力和积极性，使其成为学习的主动者和自主者。因此，学生主体地位理论被视为一种教育改革的重要理论基础，对于推动教育改革和促进学生全面发展具有深远的意义。

2.学生主体地位的核心理念

学生主体地位理论的核心理念包括以下三个方面。

（1）学生作为学习的主体

学生主体地位理论强调将学生置于学习的主体地位，意味着学生应该成为学习过程的主动参与者和控制者。传统教育模式中，教师往往扮演主导角色，学生被动接受教师的指导和控制。而学生主体地位理论则主张转变教育观念，将学生视为学习的主体，鼓励其在学习过程中扮演积极主动的角色，通过自主学习、合作学习和探究学习等方式，实现个人发展和全面素质提升。

（2）充分尊重学生的个性和发展需求

学生主体地位理论强调教育应该以学生为中心，充分尊重学生的个性和发展需求。每个学生都是独立而独特的个体，具有不同的学习风格、兴趣爱好和认知能力。因此，教师在教学实践中应该充分了解学生的个性特点和学习需求，制定个性化的教学计划和教学策略，为学生提供个性化的学习支持和指导，促进其全面发展和成长。

（3）激发学生学习的内在动力和积极性

学生主体地位理论强调激发学生学习的内在动力和积极性，认为学生应该在学习过程中保持积极的态度和主动的参与。教师应该通过创设积极向上的学习环境，激发学生的学习兴趣和动力，引导学生通过自主学习、合作学习和探究学习等方式，主动参与学习活动，实现个人价值和全面发展。

（二）尊重学生主体性与个性发展

学生主体地位理论强调尊重学生的主体性和个性发展，认为每个学生都是独立而独特的个体，应该得到平等的尊重和关怀。在教学实践中，教师应该充分了解学生的个性特点和学习需求，制定个性化的教学计划和教学策略，为学生提供个性化的学习支持和指导，促进其全面发展和成长。

1.个性化教育的理念与实践

学生主体地位理论倡导个性化教育，强调教育应该以学生为中心，充分尊重学生的个性和发展需求。个性化教育是指根据学生的个性特点和学习需求，制定个性化的教育方案和教学策略，为学生提供个性化的学习支持和指导，促进其全面发展和成长。

在个性化教育的实践中，教师需要充分了解学生的个性特点，包括学习风格、兴趣爱好、认知能力等方面的特征。通过观察、交流、评估等方式，教师可以获取关于学生的信息，从而为其制定个性化的教育方案。例如，针对不同的学习风格，可以采用多样化的教学方法和教学资源；针对不同的兴趣爱好，可以设计符合学生兴趣的学习任务和活动；针对不同的认知能力，可以提供个性化的学习支持和指导，帮助学生克服学习困难，实现个人发展目标。

个性化教育的实践需要教师具备丰富的教育经验和教学技能，能够灵活运用不同的教学策略和方法，满足学生多样化的学习需求。此外，个性化教育也需要学校和社会提供相应的支持和资源，包括教育技术、学习环境、教育政策等方面的支持，以促进个性化教育的全面发展和实施。

2. 个性化评价的重要性与实践方法

个性化评价是个性化教育的重要组成部分，其目的在于全面了解学生的学习情况和发展进程，为其提供个性化的学习支持和指导。个性化评价强调以学生为主体，充分考虑学生的个性特点和学习需求，为其提供个性化的评价标准和评价方式，促进其全面发展和成长。

在个性化评价的实践中，教师需要综合运用多种评价方法和工具，包括定性评价和定量评价、内部评价和外部评价、自我评价和他评等。通过多角度、多层次地评价学生的学习表现和发展状况，可以更全面地了解学生的个性特点和学习需求，为其提供个性化的学习支持和指导。

例如，针对不同的学习目标和内容，可以采用不同的评价方式和工具，如观察记录、学习日志、作品展示、口头报告等。通过这些评价方法，教师可以更全面地了解学生的学习情况和学习态度，为其提供个性化的反馈和指导，促进其全面发展和成长。

此外，个性化评价还需要注重与学生、家长和社会的沟通与合作，共同关注学生的学习进展和发展需求，共同制定个性化的学习计划和发展目标，共同促进学生的全面发展和成长。只有通过全社会的共同努力，才能实现个性化评价的真正意义和价值，为每个学生提供更好的教育服务和学习支持。

（三）激发学生学习的内在动力和积极性

学生学习主体地位理论强调激发学生学习的内在动力和积极性，认为学生应该在学习过程中保持积极的态度和主动的参与。教师应该通过创设积极向上的学习环境，激发学生的学习兴趣和动力，引导学生通过自主学习、合作学习和探究学习等方式，主动参与学习活动，实现个人价值和全面发展。

1. 积极学习环境的创设

学生主体地位理论强调激发学生学习的内在动力和积极性，其中关键的一环是创设积极的学习环境。这样的环境应该是鼓励、支持和启发学生的成长和发展，能够激发学生的学习兴趣和动力，使他们愿意投入到学习活动中。

在创设积极学习环境时，教师可以采取多种策略。首先，教师需要营造一种轻松、愉快的学习氛围，让学生感受到学习的乐趣和快乐。通过引导学生进行互动、合作和交流，激发他们的学习兴趣和动力。其次，教师可以设计多样化的学习任务和活动，满足学生的不同学习需求和兴趣爱好。通过设计具有挑战性和趣味性的学习任务，激发学生的学习动力和探索欲望。再次，教师可以利用多种教学资源和技术，丰富学生的学习体验和学习方式。通过利用多媒体、网络资源、实践活动等教学手段，提供丰富多彩的学习内容和学习体验，激发学生的学习兴趣和创造力。最后，教师还可以充分发挥学生的主体作用，鼓励他们发挥创造性和主动性，参与到学习活动的设计和实施中来，促进学生的全面发展和成长。

2. 激发学生内在动力的教学策略

除了创设积极的学习环境外，教师还可以采用一系列的教学策略，激发学生学习的内在动力和积极性。

首先，激发学生的好奇心和探究欲望。教师可以通过提出问题、引发思考、设计实验等方式，激发学生对知识的好奇心和求知欲，促使他们主动探索和发现知识。其次，激发学生的自信心和自主性。教师可以通过肯定学生的努力和成就，鼓励他们发挥个人潜能，自主学习和自主解决问题，培养他们的学习动力和积极性。再次，激发学生的合作精神和团队意识。教师可以通过组织小组合作、团队竞赛等方式，促使学生相互协作、相互支持，共同完成学习任务，培养他们的合作精神和团队意识。最后，激发学生的成就感和归属感。教师可以通过及时给予学生积极的反馈和评价，让他们感受到学习的成就和收获，增强他们的学习动力和自信心，从而更加积极地投入到学习活动中来。

二、学生主体地位在教学中的实践

（一）个性化教学计划的制定

在教学实践中，确立学生学习主体地位需要教师采取一系列措施。教师应关注学生的学习需求和个性特点，了解每个学生的学习情况和学习风格，制定个性化的教学计划和教学策略。通过了解学生的背景、兴趣和学习目标，教师可以有针对性地设计教学内容和教学活动，满足学生的学习需求，提高其学习的积极性和主动性。

1. 个性化教学计划的理论基础

个性化教学计划的制定是教育实践中实现学生主体地位的重要手段之一。其理论基础主要包括教育个性化理论、认知心理学理论以及差异化教学理论等。

首先，教育个性化理论强调个体的差异性和个性发展的重要性。每个学生都具有独特的学习风格、兴趣爱好、认知特点等，因此，教育应当针对不同学生的个性特点和需求，提供个性化的教学服务和支持。

其次，认知心理学理论认为学习是个体主动建构的过程，学生的学习效果受到其认知结构和思维方式的影响。因此，教学计划应当根据学生的认知水平和思维方式，合理设计学习内容和教学活动，促进学生的认知发展和学习效果。

再次，差异化教学理论强调教师应当根据学生的差异性和学习需求，灵活调整教学策略和教学方法，实现个性化的教学目标和效果。因此，个性化教学计划的制定需要综合运用上述理论，充分考虑学生的个性特点和学习需求，实现教育的个性化和差异化。

2. 个性化教学计划的实践策略

在实际教学中，个性化教学计划的制定需要教师采取一系列策略，包括了解学生、设定学习目标、设计教学内容、选择教学方法等。

（1）了解学生

教师应当通过问卷调查、观察记录、个别谈话等方式，全面了解每个学生的学习情况、学习风格、兴趣爱好等信息，为个性化教学计划的制定提供依据和支持。

（2）设定学习目标

根据学生的实际情况和学习需求，教师可以与学生共同设定个性化的学习目标，明确学习的方向和重点，为后续教学活动提供指导和支持。

（3）设计教学内容

教师应当根据学生的学习需求和学习目标，设计符合其水平和兴趣的教学内容，注重教学内容的多样性和趣味性，激发学生的学习兴趣和动力。

（4）选择教学方法

根据学生的学习特点和学习目标，教师可以灵活运用不同的教学方法和教学策略，例如讲授、讨论、实验、案例分析等，促进学生的全面发展和成长。

通过以上策略，教师可以有效地制定个性化教学计划，充分关注每个学生的学习需求，提高教学的针对性和有效性，实现教育的个性化和差异化。

3. 个性化教学计划的实施效果评估

个性化教学计划的实施效果评估是个性化教育的重要环节，通过评估可以了解教学活动的实际效果，发现存在的问题和不足，进一步优化教学计划，提高教学质量和效果。

评估个性化教学计划的实施效果，可以采用定性和定量相结合的方法。定性评估可以通过观察、访谈、学生反馈等方式，了解学生对教学活动的反应和感受，发现存在的问题和不足，为后续教学活动提供改进和优化的建议。定量评估可以通过测验、问卷调查、学生成绩评估等方式，对教学效果进行量化分析，从而客观评价教学活动的效果和成效。

通过评估个性化教学计划的实施效果，可以不断改进和完善教学活动，提高教学质量和效果，促进学生的全面发展和成长。同时，也可以为其他教师提供借鉴和参考，推动个性化教育的深入发展和实践。

（二）创设丰富多样的学习环境

教师应为学生提供丰富多样的学习资源和学习环境，创设积极的学习氛围，激发学生的学习兴趣和动力。教师可以通过利用多媒体教学、实践活动、课外拓展等方式，丰富课堂教学内容，提供多样化的学习体验，激发学生的好奇心和探索欲望。同时，教师还应注重课堂氛围的营造，鼓励学生提出问题、展示成果，积极参与学习活动，增强学生的学习参与感和归属感。

1. 多媒体教学资源的应用

在创设丰富多样的学习环境中，教师可以充分利用多媒体教学资源，为学生提供生动、直观的学习体验。多媒体教学资源包括视频、动画、演示软件、互动课件等，可以将抽象的物理概念转化为形象生动的展示，激发学生的学习兴趣和好奇心。例如，通过播放视频演示物理实验过程，让学生在屏幕上观察实验现象，理解物理规律；或者使用交互式课件设计各种模拟实验，让学生自行操作，加深对物理概念的理解。多媒体教学资源能够丰富课堂内容，提供多样化的学习体验，激发学生的学习兴趣和动力。

2. 实践活动的组织与引导

除了多媒体教学资源外，教师还应组织丰富多样的实践活动，为学生提供实践探究的机会，加深他们对物理知识的理解和应用。实践活动可以包括实验、观察、模拟、科技创新等形式。通过参与实验，学生可以亲身操作仪器，观察现象，探索规律，加深对物理概念的理解。通过科技创新活动，学生可以动手设计、制作物理实验装置或小发明，锻炼实践能力和创新意识。实践活动的开展能够激发学生的好奇心和探索欲望，培养其实践能力和创新精神。

3. 课外拓展与实践应用

教师还应鼓励学生参与课外拓展和实践应用活动，将课堂所学知识与实际生活相结合。课外拓展可以包括参观科技馆、参加科技讲座、阅读科普书籍等形式，拓展学生的科学视野，丰富学生的科学知识。实践应用可以包括科研项目、科技竞赛、社会实践等形式，让学生将所学知识应用到实际问题中解决，提高学生的实践能力和创新能力。通过课外拓展和实践应用活动，学生可以将理论知识与实践经验相结合，深化对物理知识的理解和应用，提高学习的实效性和实用性。

通过以上方式，教师可以创设丰富多样的学习环境，激发学生的学习兴趣和动力，促进学生全面发展和成长。这不仅能够提高教学的效果和质量，还能够增强学生的学习参与感和归属感，培养终身学习的意识和能力。因此，在物理课堂教学中，创设丰富多样的学习环境是实现学生主体地位的重要途径和手段。

（三）倡导合作学习和自主学习

1. 合作学习的实践策略

合作学习是一种重要的教学方法，能够促进学生之间的交流和合作，共同探讨问题，共同解决问题，提高学习效果和学习质量。在物理课堂中，教师可以通过以下实践策略来倡导和引导合作学习。

（1）小组讨论

将学生分成小组，让他们共同讨论和解决问题。教师可以设计一些开放性的问题或案例，要求学生在小组内展开讨论，通过集思广益的方式，寻找问题的解决方案。

（2）协作实验

组织学生在实验室中进行协作实验，让他们分工合作，共同完成实验操作和数据记录。通过合作实验，学生可以相互协助，共同探索实验规律，加深对物理现象的理解。

（3）项目合作

设计一些跨学科或跨课程的项目任务，要求学生组成团队合作完成。在项目合作中，学生需要相互协作，分工合作，共同完成项目的各个环节，培养团队合作精神和组织协调能力。

通过合作学习，学生不仅可以从他人身上学到知识和技能，还能够培养团队合作精神和沟通能力，提高学习的效果和质量。

2. 自主学习的实践策略

自主学习是学生主体地位理论的重要体现，能够激发学生的学习动力和积极性，提高学生学习的主动性和独立性。在物理课堂中，教师可以通过以下实践策略来倡导和引导自主学习。

（1）探究式学习

设计一些开放性的探究性学习任务，让学生根据自己的兴趣和需求，自主选择研究方向和研究方法，进行自主学习和探究。

（2）课外拓展

鼓励学生参加物理科普活动、科技竞赛、科学讲座等课外拓展活动，丰富自己的科学知识，提高自主学习的兴趣和动力。

（3）个性化学习

根据学生的学习需求和学习能力，提供个性化的学习资源和学习支持，让学生根据自己的实际情况进行学习规划和学习实施。

通过自主学习，学生可以更好地发挥自己的主动性和创造性，充分发挥自己的潜能，实现个人发展和全面提升。

3. 合作学习与自主学习的结合

合作学习和自主学习并不是互相独立的，而是可以相互结合和促进的。在物理课堂教学中，教师可以通过设计合作学习任务来促进学生的自主学习，也可以通过鼓励自主学习来提高学生的合作能力。

例如，教师可以组织学生在小组内进行合作学习，让他们自主选择学习方法和学习策略，自主解决学习中遇到的问题。教师在这个过程中充当指导者的角色，给予学生适当的指导和支持，鼓励他们发挥自己的主动性和创造性，共同完成学习任务。

通过合作学习与自主学习的结合，学生既能够培养合作精神和团队意识，又能够提高自主学习的能力和水平，实现学生主体地位的全面展现和实践。

第二节　提升学生学习能力与自主性的培养

一、自主学习策略的培养

（一）自主学习策略的重要性与理论基础

1. 自主学习策略的重要性

自主学习策略是指学生在学习过程中能够自主选择学习目标、制定学习计划、选择学习方法，并对学习过程进行评价和调整的能力和行为。这种能力的培养对于学生的学习能力和自主性的提升至关重要。

（1）提高学习效果

通过培养自主学习策略，学生可以更加主动地参与学习过程，根据自身情况和需求制定学习计划和方法，有针对性地进行学习，提高学习的效果和成果。

（2）增强学习动力

自主学习策略的培养能够激发学生的学习兴趣和动力，增强其学习的积极性和主动性。通过自主选择学习内容和方式，学生更容易保持学习的热情和动力。

（3）培养独立思考能力

自主学习策略的培养需要学生具备独立思考和解决问题的能力。学生在制定学习计划、选择学习方法时需要进行思考和判断，从而培养其独立思考的能力。

（4）培养终身学习能力

自主学习策略的培养不仅能够提高学生的学习效果，还能够培养其终身学习的意识和能力。通过自主学习，学生不仅能够获取知识，还能够培养学习的自信心和能力，为未来的学习和发展打下良好的基础。

2. 自主学习策略的理论基础

自主学习策略的培养理论基础主要包括认知学习理论、元认知理论和社会认知理论等。

（1）认知学习理论

认知学习理论认为学习是个体在认知结构中建构知识的过程。学习者通过主动参与学习活动，进行思考、感知、记忆和理解等认知过程，来获取和组织知识。因此，培养学生的自主学习策略是认知学习理论的重要体现。学生在学习过程中需要根据自己的认知特点和学习需求，选择合适的学习方法和策略，以提高学习效果。

（2）元认知理论

元认知理论强调学习者对自己的认知过程进行监控和调节的能力。学习者需要了解自己的学习状态和学习策略的有效性，及时调整学习计划和方法，以提高学习的效果。因此，培养学生的自主学习策略需要注重培养其元认知能力，帮助他们更好地规划和执行学习任务。

（3）社会认知理论

社会认知理论关注学习者在社会情境中的学习活动。学习过程不仅受到个体认知因素的影响，还受到社会环境和社会交往的影响。因此，培养学生的自主学习策略需要注重创设良好的学习环境和学习氛围，鼓励学生之间的合作和交流，以促进学生的自主学习能力的发展。

（二）自主学习策略的实践策略

为了培养学生的自主学习能力，教师可以采取一系列实践策略。

1. 设计学习任务

设计开放性的学习任务是培养学生自主学习能力的重要途径之一。教师可以根据教学内容和学生的学习需求，设计一系列具有挑战性和启发性的学习任务，让学生在学习过程中发挥主动性和创造性。

（1）制定多样化的学习任务

教师可以设计多种类型的学习任务，包括探究性问题、案例分析、实验设计等，让学生通过不同的学习途径和方法来探索和学习物理知识。

（2）提供自主选择的机会

在设计学习任务时，教师可以为学生提供一定的自主选择空间，让他们根据个人兴趣和学习需求来选择学习内容和学习方式，从而增强其学习的积极性和主动性。

（3）引导学生进行实践探究

设计学习任务时，教师可以注重实践性和探究性，鼓励学生通过实验、观察、实地考察等方式来获取知识，培养其自主学习和问题解决能力。

通过设计多样化和开放性的学习任务，可以激发学生的学习兴趣，促进其主动参与学习，提高学习效果和质量。

2. 指导学习方法

指导学习方法是帮助学生掌握有效的学习技能和策略，提高其学习效率和学习质量的重要途径。教师可以通过指导学习方法来引导学生建立科学的学习习惯和有效的学习策略。

（1）教授学习技能和策略

教师可以向学生介绍一些常用的学习技能和策略，如阅读理解技巧、记忆方法、思维导图制作等，帮助学生提高学习的效率和质量。

（2）演示学习方法的应用

教师可以通过实例演示的方式，向学生展示学习方法的应用和效果，让他们了解学习方法的实际运用，并鼓励他们在实践中不断尝试和改进。

（3）引导学生自主选择适合自己的学习方法

在指导学习方法时，教师应注重学生个体差异，鼓励学生根据自己的学习特点和需求选择适合自己的学习方法，培养其学习的自主性和独立性。

通过指导学习方法，可以帮助学生掌握科学的学习技能和策略，提高其学习的效率和质量。

3. 提供反馈和评价

及时的反馈和评价是培养学生自主学习能力的重要环节。教师可以通过给予学生学习成果的反馈和评价，帮助他们发现学习中存在的问题和不足，促进学生自我调整和改进。

（1）提供及时的学习反馈

教师可以及时对学生的学习成果进行反馈，包括对作业、实验报告、项目成果等进行评价，指出学生的优点和不足，并提出改进意见和建议。

（2）引导学生进行自我评价

除了教师的评价外，还可以鼓励学生进行自我评价，让他们对自己的学习情况进行客观分析和总结，发现自己的不足和提升空间。

（3）鼓励学生接受同伴评价

教师可以组织学生之间相互评价和反馈，让他们从同伴的角度去审视自己的学习表现，从而更全面地认识自己，提高学习的自我调整和改进能力。

通过提供及时的反馈和评价，可以帮助学生及时发现和解决学习中的问题，促进其自主学习能力的发展。

4. 鼓励反思和总结

鼓励学生进行反思和总结是培养其自主学习能力的重要途径之一。通过反思和总结，学生可以对学习过程进行深入思考和分析，从中获取宝贵的经验和教训，进而提高其学习的效果和水平。

（1）定期组织学习反思活动

教师可以定期组织学生进行学习反思的活动，让他们回顾过去一段时间的学习过程，分析学习中遇到的问题、取得的进步以及需要改进的地方。通过反思，学生可以加深对学习过程的理解，发现自己的学习方式和策略是否有效，进而调整和改进自己的学习行为。

（2）引导学生进行学习总结

教师可以引导学生对学习的内容进行总结，包括学习到的知识点、掌握的技能以及解决问题的方法等。学生可以通过总结，将零散的知识点和信息整合起来，形成系统化的学习成果，加深对知识的理解和记忆。

（3）鼓励学生分享学习经验

教师可以鼓励学生将自己的学习经验和心得分享给同学，让他们从彼此的经验中获取启发和借鉴。通过分享，学生可以从不同角度去看待同一个问题，开拓思维，提高学习的深度和广度。

二、学习支持系统的建设

（一）学习支持系统的意义与理论基础

学习支持系统的建设在教育实践中具有重要的意义，旨在为学生提供必要的支持和帮助，以促进学生学习能力的提升、自主性的培养，从而推动学生的全面发展和成长。这一系统的建设不仅需要理论支持，也需要实践经验的积累和不断的优化。

社会文化理论为构建学习支持系统提供了重要的理论基础。根据社会文化理论，学习不仅是个体的认知活动，也是社会文化活动的产物。因此，学习支持系统的建设需要考虑社会环境和文化因素的影响。这意味着学习支持系统应该建立在丰富的社会文化背景之上，提供符合学生所处社会环境和文化背景的支持和帮助，使学生能够更好地融入社会，获取和应用知识。

建构主义理论强调学习者通过社会交往和合作建构知识。因此，学习支持系统应当为学生提供合适的社会交往和合作机会，促进他们之间的互动和合作，共同构建知识的过程。这意味着学习支持系统应该设计具有社会性和合作性质的学习活动，包括小组讨论、合作项目、互助学习等，以促进学生之间的交流和合作，加深对知识的理解和应用。

学习支持系统理论关注学习者在多种学习环境中的学习活动。学习支持系统应当提供多样化的学习资源和学习机会，满足学生的不同学习需求和兴趣爱好。这意味着学习支持系统应该建立在多元化的学习环境之上，包括课堂教学、实验室实践、在线学习、社会实践等多种形式，让学生能够在不同的学习场景中获取知识、发展能力。

（二）学习支持系统的实践策略

在实践中建设高中物理教学的学习支持系统需要综合运用多种策略，以满足学生的学习需求，促进其学习能力和自主性的提升。

1. 提供学习指导

（1）课堂讲解

在高中物理教学中，教师的课堂讲解是学生理解知识、建立基础的主要途径之一。教师应当针对不同学生的水平和理解能力，采用清晰简明的语言，讲解物理概念和原理。对于抽象难懂的概念，可以通过生动的例子或者实验进行解释，帮助学生更好地理解。此外，教师还应鼓励学生积极参与讨论，提出问题，促进课堂氛围的活跃。

（2）辅导答疑

除了课堂讲解外，教师还应设立辅导答疑时间，让学生有机会在课后向教师请教问题。这种一对一或小组的答疑形式可以更加针对性地解决学生在学习中遇到的困难。同时，教师还可以利用线上平台，如电子邮件、在线论坛等，为学生提供远程答疑服务，让学生随时随地都能获得帮助。

（3）提供学习技巧和方法

在教学过程中，教师不仅应传授物理知识，还应教会学生有效的学习方法和技巧。例如，如何正确地阅读物理题目、如何整理笔记、如何高效地复习等。通过向学生介绍这些学习技巧和方法，可以帮助他们提高学习效率，更好地掌握知识。

（4）引导学生正确理解和掌握物理概念

教师应当注重培养学生的物理思维能力，而不仅仅是机械地记忆知识点。在讲解物理概念时，教师可以引导学生思考其背后的物理原理和规律，帮助他们建立起正确的物理思维方式。此外，教师还可以通过实验、观察等方式，让学生亲自探索和发现物理现象，从而加深他们对物理概念的理解和记忆。

2.建立学习资源库

（1）整理教科书和参考资料

教师可以收集整理各种教科书和参考资料，包括国内外优秀的物理教材、教学视频、学术期刊等。这些资源可以为学生提供多样化的学习材料，满足不同学生的学习需求。同时，教师还应当对这些资料进行评估和筛选，确保其内容准确、权威。

（2）提供模拟试题和练习册

为了帮助学生巩固所学知识，教师可以提供大量的模拟试题和练习册。这些试题可以覆盖各个知识点和难度级别，帮助学生全面地复习和训练。同时，教师还应当针对性地解答学生在做题过程中遇到的困难，帮助他们找到正确的解题方法。

（3）利用网络资源

随着互联网的发展，网络资源已经成为学习的重要来源之一。教师可以利用各种网络平台，如在线课程、学习网站、教育应用等，为学生提供丰富的学习资源。通过这些网络资源，学生可以随时随地获取所需的学习材料，提高学习效率。

（4）定期更新和维护资源库

建立学习资源库并不是一次性的工作，教师还需要定期更新和维护这个资源库。随着物理知识的不断更新和完善，教师应当及时添加新的学习资源，保证资源库的内容与时俱进。同时，教师还应当及时修订和完善已有的资源，确保其质量和可用性。

3. 创建学习社区

（1）组织学习小组活动

学习小组是学生之间相互学习、交流的重要平台。教师可以根据学生的兴趣和学习需求，组织学习小组活动。学习小组可以由志同道合的同学组成，共同探讨学习问题，相互学习借鉴，促进学习成果的分享和交流。通过学习小组活动，学生可以在合作中提高自己的学习能力和解决问题的能力。

（2）建立线上学习社区

建立线上学习社区是当今数字化时代高中物理教学中的一项重要举措。通过利用各种在线平台，如教育网站、社交媒体、在线论坛等，教师可以为学生搭建一个便捷的学习交流平台。在线学习社区为学生提供了一个跨越时空的交流空间，使他们能够与来自不同地区、不同文化背景的同学进行交流与互动，从而拓展了他们的学习圈。

在线学习社区的建立不仅能够促进学生之间的交流与合作，还能够为他们提供更广泛的学习资源和支持。在这个虚拟的学习社区中，学生可以自由地提问、讨论物理知识，分享学习心得和经验。他们可以在社区中就自己遇到的问题寻求帮助，也可以为其他同学解答问题，共同探讨解决方案。这种开放式的学习交流模式不仅能够增强学生的学习兴趣和动力，还能够培养他们的团队合作和沟通能力

（3）提供学习社区指导和管理

教师在创建学习社区时，不仅要提供学习资源，还需要提供指导和管理。教师可以设立一些规则和准则，引导学生在社区中文明交流，尊重他人，建立良好的学习氛围。同时，教师还可以定期监督和管理学习社区，确保社区的秩

序和活跃度，及时解决学生提出的问题和矛盾，保证社区的健康发展。

（4）鼓励学生分享学习资源和经验

学习社区不仅是学生获取学习资源的地方，也是学生分享学习经验和心得的平台。教师可以鼓励学生将自己整理的学习资料和方法分享给其他同学，促进学生之间的相互帮助和交流。通过分享，学生可以不断丰富自己的学习资源，提高学习效率，同时也能够锻炼自己的表达能力和分享精神。

4. 实施个性化辅导

（1）了解学生的学习情况和需求

个性化辅导的第一步是了解学生的学习情况和个性化需求。教师可以通过课堂观察、作业表现、与学生交流等方式，了解每个学生的学习水平、学习习惯、学习特点等。同时，教师还可以利用问卷调查等方式，征求学生的意见和建议，了解他们对学习的需求和期望。

（2）提供针对性的学习支持和帮助

根据学生的学习情况和需求，教师可以提供针对性的学习支持和帮助。对于学习成绩较好的学生，教师可以提供更多的拓展性学习资源和挑战性问题，帮助他们进一步提高自己的学习水平。对于学习成绩较差或者有学习困难的学生，教师可以采取个性化的辅导措施，例如一对一辅导、额外的练习和补充教材等，帮助他们克服困难，提高学习效果。

（3）鼓励学生自主学习和探索

个性化辅导并不意味着教师要为学生解决所有问题，而是要激发学生的自主学习和探索能力。教师可以鼓励学生积极参与课堂讨论、独立解决问题，培养他们独立思考和自主学习的能力。同时，教师还可以指导学生如何合理规划学习时间、制定学习计划，帮助他们建立良好的学习习惯和提高自我管理能力。

（4）定期评估和调整教学策略

个性化辅导是一个动态的过程，教师需要不断评估和调整自己的教学策略。教师可以定期与学生进行反馈沟通，了解他们对教学效果的评价和建议，及时调整教学方法和内容。同时，教师还可以通过课堂测验、作业考查等方式，对学生的学习情况进行定期评估，及时发现和解决问题，确保个性化辅导的有效实施。

第三节　激发学生创新思维与解决问题的能力

一、创新思维的培养途径

（一）设计启发性学习任务

1. 设定挑战性任务

在教学中设计具有挑战性的学习任务是为了激发学生的求知欲和探索欲，促使其在学习过程中迈出舒适区，挑战自我，实现更高水平的学习目标。这些任务不仅要求学生超越传统的课堂知识框架，还需要他们从多个角度思考问题，提出新颖的见解和解决方案。通过这样的学习任务，学生可以培养创新思维和解决问题的能力，同时也能够更深入地理解和应用所学知识。

举例来说，一个与日常生活息息相关的物理问题可以是关于如何改善城市交通拥堵问题的研究。教师可以引导学生思考，通过物理原理分析交通拥堵的成因，并提出创新的解决方案。学生可能会探讨车辆密度与交通流量的关系，利用运动学和力学知识分析交通拥堵的影响因素；他们也可以考虑利用智能交通系统、公共交通优化方案或新型交通工具等创新技术来解决交通拥堵问题。这样的任务要求学生综合运用所学的物理知识，同时还需要他们具备跨学科的思维，考虑到城市规划、交通工程、环境保护等方面的因素，从而提出全面有效的解决方案。

挑战性的学习任务不仅仅是为了检验学生的知识掌握程度，更重要的是培养他们的创新能力和解决问题的能力。通过面对挑战，学生不断思考、实践和反思，从中汲取经验教训，逐步提升自己的综合素质和学术水平。因此，教师在设计这样的任务时，需要充分考虑学生的实际水平和能力需求，确保任务的挑战性既能激发学生的兴趣，又能够促使他们在实践中获得成长和提升。

2. 引导自主探索

启发性学习任务的设计应该注重学生的自主探索和发现，让他们在学习过程中拥有足够的自主空间来探索问题、寻找解决方案。教师可以通过提供一些基础性的问题或思路来引导学生，但不应限制他们的思考方向和解决途径。这样的任务设计能够激发学生的自主学习和创新能力，培养其独立思考和解决问题的能力。

例如，教师可以提出一个关于简谐振动的启发性学习任务，让学生自主设计实验方案、收集数据并分析结果。教师可以提供一些基础性的问题，如何改变弹簧振子的振动频率？或者是如何影响振动周期的长度？然后，让学生自由选择实验方法和测量工具，进行实验并收集相关数据。学生可以根据自己的兴趣和实际情况，选择不同的实验方案，探索简谐振动的规律和特性。

在这样的学习任务中，学生将面临一系列的挑战和问题，需要他们动脑筋、动手实践，逐步解决。他们可能会遇到实验结果与理论预期不符的情况，需要通过分析和反思来找出原因并调整实验方案。或者他们可能会在数据处理和结果分析过程中遇到困难，需要借助学科知识和探索精神来解决。在这个过程中，学生将不断地调整自己的思维方式和解决问题的策略，培养了解决实际问题的能力。

同时，教师在学生进行自主探索的过程中，可以扮演着引导者和指导者的角色，给予适时的支持和帮助。教师可以提供必要的资源和信息，解答学生遇到的问题，同时也要给予学生充分的自由和空间，让他们独立思考和解决问题。这样的学习环境有利于激发学生的学习兴趣和自主性，促进其全面发展和成长。

3.融入跨学科内容

为了增强启发性学习任务的创新性和挑战性，教师可以融入跨学科的内容，将不同学科的知识和技能相结合，引导学生从多个角度去思考和解决问题。这种跨学科的探究性任务能够激发学生的创造力和探索欲望，培养其综合运用知识的能力，从而更好地应对未来的学习和工作挑战。

举例来说，假设教师要设计一个关于可再生能源利用的启发性学习任务。教师可以将物理知识与数学、化学、地理等学科相结合，让学生全面理解和应用相关概念。

首先，教师可以引导学生通过物理知识了解不同类型的可再生能源，如太阳能、风能、水能等，以及它们的原理和应用。然后，通过数学模型的建立和计算，让学生分析可再生能源的产能和利用效率，探讨如何优化能源系统的设计和运行。在化学方面，学生可以了解可再生能源与化学反应的关系，比如太阳能电池的工作原理和材料的选择等。同时，地理知识可以帮助学生了解不同地区的自然资源分布和环境特点，从而选择合适的可再生能源利用方案。

通过这样的跨学科任务设计，学生不仅能够全面理解可再生能源的原理和应用，还能够培养综合运用知识的能力。他们需要从物理、数学、化学和地理等不同学科的角度去思考和解决问题，提升综合分析和解决问题的能力。同时，这种跨学科的学习方式也有助于拓宽学生的知识视野，增强对学科之间相互关联的认识，为学生未来的学习和工作打下坚实的基础。

在设计跨学科的探究性任务时，教师需要综合考虑各学科的特点和内容要求，确保任务既能够贯彻教学目标，又能够激发学生的学习兴趣和创造力。同时，教师还应该灵活运用不同学科的知识和技能，为学生提供丰富多样的学习体验，促进其全面发展和成长。通过跨学科的探究性任务，学生将更好地理解和应用所学知识，培养综合运用知识解决实际问题的能力，为未来的学习和生活做好充分准备。

4. 提供实践机会

启发性学习任务的价值在于将学生的学习与实际生活紧密结合起来，并提供实践机会让他们将所学知识应用到具体的项目中去。这样的实践机会不仅能够加深学生对知识的理解，还能够培养他们的实践能力、创新精神和解决问题的能力。

例如，教师可以组织学生参与科技创新比赛或实验设计竞赛。在这样的比赛中，学生需要根据自己所学的物理知识和技能，设计并完成一个具有创新性和实用性的科技项目或实验。比如，学生可以设计一个基于物理原理的新型能源装置，或者是利用物理知识解决某个现实生活中的问题。通过这样的实践活动，学生不仅可以将所学知识应用到实际项目中去，还能够锻炼其创新思维和实践能力。

参与科技创新比赛或实验设计竞赛，不仅可以激发学生的学习兴趣和创新潜能，还能够为其提供一个展示自己才华和能力的平台。学生在这样的比赛中，不仅需要运用自己所学的物理知识，还需要具备团队合作、项目管理、沟通表达等能力。通过与同学合作、与专家交流、与评委互动，学生能够积累丰富的实践经验和社交技能，为他们未来的学习和工作打下坚实的基础。

此外，教师还可以为学生提供其他形式的实践机会，如实地考察、科学实验、实习实践等。通过这些实践活动，学生可以亲身体验物理知识在实际生活中的应用和意义，加深对知识的理解和掌握。同时，学生也能够培养实践动手能力、观察和思考能力，提高解决问题的能力和创新思维的水平。

（二）提供探索性学习机会

1.激发兴趣和好奇心

教师在提供探索性学习机会时，应该注重激发学生的兴趣和好奇心，让他们从内心产生探索和发现的欲望。这种兴趣和好奇心的激发不仅可以提升学生的学习积极性，还能够促进他们深入思考和独立探索能力的提高。为了实现这一目标，教师可以采取多种方式和策略，以吸引学生的注意力，激发学生学习的动力。

首先，教师可以通过生动的故事来激发学生的兴趣。故事是人类传承知识和经验的重要方式，能够引发人们的情感共鸣和认知共振。教师可以选择与学科内容相关的故事，讲述其中的精彩情节和启发性结局，引起学生的兴趣和好奇心。通过故事的讲解，学生可以更好地理解学科知识的内涵和意义，增强他们对学习的热情和投入度。

其次，教师可以通过引人入胜的实验或案例来激发学生的好奇心。实验是物理学习中不可或缺的一部分，可以直观地展示物理现象和原理，激发学生对知识的探索欲望。教师可以精心设计有趣的实验，让学生亲身参与并观察实验现象，从而引发他们的好奇心和求知欲。此外，教师还可以选取一些有趣的案例或现实生活中的问题，让学生分析和探讨，引发他们对知识背后深层次原理的思考和探索。

除此之外，教师还可以通过设置问题、提出挑战或展示新奇的科学成果等方式来激发学生的兴趣和好奇心。问题的设置可以引导学生主动思考和探索，挑战性的任务可以激发学生的求知欲和动手能力，新奇的科学成果可以吸引学生的注意力和探索欲望。通过这些方式，教师可以为学生创造一个充满奇思妙想和探索精神的学习环境，激发他们自主学习和独立思考的能力。

2.提供资源支持

为了让学生能够顺利进行探索性学习，教师的责任不仅在于提供启发性的学习任务和引导，还需要提供必要的资源支持，确保学生能够充分利用各种资源进行学习和探索。这些资源包括实验设备、图书资料、网络资源等，通过合理的资源配置和使用，可以有效地促进学生的自主学习和探索精神的培养。

首先，实验设备是探索性学习的重要支持。教师应该为学生提供必要的实验设备和器材，以便他们能够进行实践性的学习活动。例如，在物理课程中，教师可以准备各种实验装置和仪器，让学生亲身参与实验操作，观察和探究物理现象，加深对知识的理解和掌握。通过实验，学生不仅可以直观地感受到物理现象，还能够培养实践能力和解决问题的能力，提升他们的学习效果和兴趣。

其次，图书资料是学生探索性学习的重要参考资源。教师应该为学生提供丰富多样的图书资料，包括教科书、参考书、科普读物等，以满足他们不同层次和兴趣的学习需求。通过阅读书籍，学生可以系统地了解和掌握相关知识，拓展知识面，提升综合运用知识的能力。此外，教师还可以向学生推荐一些优秀的科学期刊和网站，让他们及时了解最新的科学研究成果和科技发展动态，激发他们的学习兴趣和创新精神。

除此之外，网络资源也是学生探索性学习的重要来源。教师可以引导学生利用互联网进行信息检索和学习交流，寻找相关的学习资源和资料。例如，学生可以通过搜索引擎查找与课程内容相关的视频教程、学术论文、实验演示等，以补充课堂教学和拓展知识视野。同时，教师还可以建立在线学习平台或社交媒体群组，为学生提供学习交流和资源分享的平台，促进他们互相学习和合作。

3. 鼓励合作与分享

在探索性学习的过程中，鼓励学生之间的合作与分享是至关重要的。教师应该积极促进学生之间的合作，组织他们形成小组，共同探讨问题、开展实验，并分享各自的发现和经验。通过合作与分享，学生不仅可以相互促进、共同进步，还能够培养团队合作和交流能力，提升整体学习效果和个人发展水平。

首先，合作与分享可以促进学生之间的相互学习和共同进步。在小组合作的过程中，学生可以分享自己的想法和观点，借鉴他人的经验和方法，共同探讨和解决问题。通过交流和讨论，学生可以拓展自己的思维，深化对知识的理解，提升解决问题的能力。同时，合作还可以培养学生的团队合作意识和协作能力，让他们学会倾听、尊重和合作，从而更好地适应未来的社会和工作环境。

其次，合作与分享可以促进学生之间的情感交流和社会互动。在小组合作的过程中，学生可以建立起良好的人际关系和合作关系，增强彼此之间的信任和理解。通过共同经历和合作，学生之间的友谊和团队精神得以增强，使整个学习过程更加愉悦和充实。此外，学生在分享自己的发现和经验时，还可以得到他人的认可和鼓励，激发自信心和自豪感，进一步激发学习的积极性和动力。

最后，合作与分享可以促进知识的共享和传播，丰富学习资源和体验。通过分享自己的学习成果和经验，学生可以为他人提供有价值的参考和借鉴，推动整个学习群体的发展和进步。同时，学生也可以从他人的分享中获得启发和收获，拓展自己的视野和思路，增强学习的深度和广度。通过合作与分享，学生不仅能够丰富自己的学习经验，还能够促进整个学习群体的共同成长和发展。

4. 提供指导与反馈

尽管探索性学习强调学生的自主探索和发现，但教师的指导和反馈在这一过程中仍然是不可或缺的。教师的角色不仅是知识的传授者，更是学生学习过程中的引导者、支持者和评价者。通过及时的指导和反馈，教师可以帮助学生更好地理解问题、克服困难，并指导他们在学习过程中不断进步。

首先，教师可以在学生进行探索的过程中给予必要的指导和支持。这种指导和支持可以体现在学生提出问题、设计实验、进行数据分析等各个环节。教师可以引导学生思考问题的关键点，提供解决问题的思路和方法，并指导他们选择合适的实验方法和技术手段。在学生遇到困难或疑惑时，教师还可以及时解答疑问，帮助他们顺利进行学习任务。

其次，教师应该定期对学生的学习成果进行评价和反馈。评价和反馈是教学过程中的重要环节，可以帮助学生了解自己的学习水平，发现不足之处，并及时进行调整和改进。教师可以通过课堂表现、作业质量、实验报告等多种方式对学生的学习成果进行评价，指出其优点和不足，并提出具体的改进建议。同时，教师还可以与学生进行一对一的沟通，针对个别学生的学习情况进行深入分析和指导，帮助他们实现个人学习目标。

在给予指导和反馈的过程中，教师应该注重差异化和个性化，因材施教。不同学生在学习能力、学习兴趣、学习风格等方面存在差异，教师应该根据学生的特点和需求，量身定制指导方案，帮助他们充分发挥潜力，实现个性化的学习目标。同时，教师还应该鼓励学生积极参与评价和反馈过程，提高他们的学习自觉性和主动性，促进他们全面发展和成长。

（三）多角度思考问题

1. 提出开放性问题

在教学过程中，教师提出具有一定开放性的问题是非常重要的，因为这可以激发学生的思维，培养他们的批判性思维和解决问题的能力。这些问题不仅仅是为了考查学生对知识点的掌握程度，更重要的是引导他们运用所学知识去解决实际问题，拓展思维的深度和广度。

一个有效的开放性问题应该具有一定的挑战性和启发性，能够引导学生进行深入思考和探索。这些问题可能涉及物理学的基本原理，也可能与实际生活息息相关。

"为什么太阳升起和落下的时间在不同季节会有所变化？"

这个问题涉及地球公转、自转以及地球轨道倾斜等物理现象，但也触及地球季节变化的实际生活问题。学生可以通过对日照、地球自转轴倾斜等知识的理解，探讨太阳升起和落下时间变化的原因。

"为什么天空是蓝色的？"

这个问题涉及光的色散和散射原理，但也引发了对大气中微粒和光线相互作用的思考。学生可以通过研究大气中的分子和光线的散射过程，来解释天空为什么呈现蓝色。

"如何设计一个有效的节能灯？"

这个问题涉及光学和电学知识，但也需要学生考虑到能源利用效率和环境保护等方面。学生可以通过对灯泡结构、材料选择、能源转换效率等方面的研究，设计出一个节能环保的灯具。

通过提出这样的开放性问题，教师可以引导学生从多个角度思考和解决问题，培养其创新思维和批判性思维。学生在解决这些问题的过程中，不仅可以巩固和应用所学的物理知识，还能够提高问题分析和解决能力，为将来面对复杂问题时提供思维上的支持和指导。因此，提出开放性问题在高中物理教学中具有重要的意义，有助于学生的全面发展和成长。

2.引导综合性思考

在高中物理教学中，引导学生进行综合性思考是非常重要的。综合性思考不仅可以促进学生对物理知识的全面理解，还可以培养他们跨学科思维能力和解决问题的能力。教师可以通过跨学科的案例分析或讨论，引发学生对问题的多角度思考，从而促进他们综合运用知识的能力。

首先，教师可以通过跨学科的案例分析来引导学生进行综合性思考。例如，可以选择与物理相关的案例，然后引导学生分析其中涉及的物理原理，并结合数学、化学、生物等学科的知识进行综合分析。通过这样的案例分析，学生可以从不同学科的角度去理解和解决问题，拓展他们思维的广度和深度。

其次，教师还可以通过跨学科的讨论活动来促进学生的综合性思考。例如，可以组织跨学科的小组讨论，让学生就某一问题展开讨论，并结合各自所学的知识进行思考和交流。在讨论过程中，学生可以从不同学科的角度出发，分享自己的见解和经验，从而形成全面的视角，丰富问题的解决思路。

通过引导学生进行跨学科的综合性思考，可以帮助他们更好地理解物理知识的应用和意义，提高解决问题的能力。同时，这也有助于培养学生的创新思维和批判性思维，使他们具备面对复杂问题时的综合分析和解决能力。因此，教师在教学中应该重视引导学生进行综合性思考，为他们提供跨学科学习的机会，促进他们全面发展和成长。

3. 提供案例分析

教师可以通过分析真实案例或历史事件，来引导学生进行综合性思考和问题解决。以下是一个关于物理知识与环境保护之间的案例分析。

案例：城市噪声污染与声学原理

背景：某城市的居民抱怨道路交通噪声过大，严重影响了他们的生活质量。政府对此进行了调查，发现道路交通噪声污染确实存在，并且对人们的健康和环境造成了严重影响。

分析

噪声来源：道路交通是城市噪声污染的主要来源之一。汽车、摩托车等交通工具的引擎噪声、轮胎与路面的摩擦声都会产生噪音，而城市中密集的车流量加重了噪声污染的严重程度。

声音传播：根据声学原理，声音在空气中传播时会遇到吸收、衍射和反射等现象。城市中高楼大厦、建筑物、树木等都会影响声音的传播路径和传播速度，从而影响到居民区的噪声水平。

影响因素：除了交通工具本身的噪声外，城市规划、建筑设计等因素也会影响到噪声的传播和污染程度。例如，高层建筑的密度、路面材料的选择等都会影响噪声的传播和衰减情况。

解决方案：针对城市噪声污染问题，可以采取多种措施来减少噪声的产生和传播。例如，规范交通管理，控制车辆的噪声排放；改善道路设计，减少轮胎与路面的摩擦声；增加绿化带和隔音墙，减缓声音的传播速度等。

通过这样的案例分析，学生不仅可以了解到城市噪声污染的背景和相关因素，还可以运用所学的物理知识和声学原理，分析问题并提出解决方案。同时，教师还可以引导学生讨论噪声污染对人们生活的影响，以及如何平衡经济发展和环境保护之间的关系。这样的案例分析有助于学生从多个角度思考问题，培养他们综合性思维和解决问题的能力。

4. 培养批判性思维

在高中物理教学中，培养学生的批判性思维是至关重要的。批判性思维能够帮助学生审视和质疑所接受的观点和结论，促进他们深入思考问题的多样性和复杂性，从而培养他们辩证思维和创新能力。教师可以通过以下方式来培养学生的批判性思维。

首先，通过讨论矛盾观点来激发学生的思维。教师可以引导学生分析不同的观点和理论，并比较它们之间的异同之处。通过讨论矛盾观点，学生可以从多个角度思考问题，了解问题的复杂性，培养他们辩证思维和批判性思维。

其次，通过辩论争议问题来锻炼学生的批判性思维。教师可以选择一些具有争议性的物理问题或现实生活中的问题，组织学生进行辩论。在辩论过程中，学生需要提出论据、质疑对方观点，并寻求证据支持自己的观点，从而锻炼他们批判性思维和逻辑推理能力。

第三，教师还可以通过解析案例和实验结果来培养学生的批判性思维。教师可以选择一些典型的案例或实验结果，引导学生分析其中的逻辑和推理过程，帮助他们理解问题的本质和内在关系。通过解析案例和实验结果，学生可以学会运用科学方法思考问题，培养他们批判性思维和科学素养。

最后，教师应该鼓励学生提出问题并寻求答案。在课堂教学中，教师可以鼓励学生提出问题，并引导他们通过查阅资料、进行实验或与同学讨论来寻求答案。通过主动提出问题和积极探索，可以培养学生批判性思维和自主学习的能力。

（四）鼓励尝试失败和反思

1. 培养勇于尝试的精神

教师在教育过程中的一项重要任务是培养学生勇于尝试的精神。这种勇于尝试的精神是探索、创新和成长的关键。教师可以通过以下方式来鼓励学生。

第一，分享科学家或发明家的故事。教师可以向学生介绍一些著名科学家或发明家的生平故事，重点强调他们在科学探索和创新中所经历的困难和挑战。通过这些故事，学生可以了解到成功背后常常伴随着无数次的失败和挫折，但正是通过不断尝试和坚持，他们最终取得了辉煌的成就。这种正面的榜样作用可以激发学生的勇气和信心，鼓励他们勇于尝试，不怕失败。

第二，营造鼓励性的学习氛围。教师应该创造一个鼓励学生尝试新事物、提出问题、发表意见的环境。在课堂上，教师可以鼓励学生积极参与讨论、提出自己的见解，不怕犯错。教师还可以给予学生积极的反馈和肯定，鼓励他们敢于冒险和创新，尝试解决新问题。

第三，教师可以提供支持和指导。尽管鼓励学生勇于尝试，但教师也应该在学生尝试过程中给予必要的支持和指导。当学生面临困难或失败时，教师可以给予鼓励和建议，帮助他们找到解决问题的方法和思路。通过这种支持和指导，学生可以更加坚定地走向成功的道路。

第四，教师应该教导学生从失败中吸取经验教训。失败并不意味着终结，而是探索的一部分。教师可以引导学生反思失败的原因，分析失败的经验教训，并从中学到如何改进和提升。通过这样的反思和总结，学生可以不断成长和进步，培养出坚韧不拔的品质。

2. 提倡积极反思

教师在培养学生勇于尝试的同时，也应该倡导并引导他们进行积极的反思。积极的反思不仅能够帮助学生更好地理解失败背后的原因，还可以促进他们的成长和进步。

第一，教师可以通过课堂讨论的方式，引导学生对失败进行反思。在课堂上，教师可以提出一些引导性的问题，让学生思考失败的原因以及如何避免类似的错误。通过集体讨论，学生可以从不同的角度来思考问题，相互交流并汲取彼此的经验和教训，进而更深入地理解失败的本质。

第二，教师还可以鼓励学生进行个人反思。在完成任务或项目后，教师可以要求学生撰写反思报告，总结自己的经验和教训。通过个人反思，学生可以更加深入地思考自己的行动和决策，发现问题的根源，并提出改进的方法和建议。

第三，教师还可以组织小组分享会，让学生彼此交流自己的反思和总结。

在小组分享中，学生可以听取不同同学的经验和见解，拓展自己的思维，从而更全面地理解失败的原因和改进的方向。

通过积极的反思，学生可以不断提升自己解决问题的能力。他们会意识到失败并不可怕，失败反而是一次宝贵的学习经历。在未来的探索和实践中，他们会更加谨慎地思考和行动，从而更加成功地应对各种挑战和困难。因此，教师应该倡导并引导学生进行积极的反思，帮助他们在失败中成长，在挫折中前行。

3. 培养耐心和毅力

教师在培养学生的耐心和毅力方面扮演着至关重要的角色。耐心和毅力是解决问题和取得成就的重要品质，而培养这些品质需要时间和精心来引导。

第一，教师可以通过故事和例子来激发学生的毅力和耐心。分享一些成功人士的故事，讲述他们在面对困难和挑战时坚持不懈的精神，以及最终取得成功的经历。这些故事可以激发学生的内在动力，让他们意识到成功往往是需要经历多次失败和挫折。

第二，教师还可以通过生活经验来启发学生的毅力和耐心。生活中充满了各种各样的挑战和困难，教师可以引导学生从日常生活中找到例子，并探讨如何应对这些挑战。通过这样的讨论，学生可以更好地理解毅力和耐心的重要性，以及如何在面对困难时保持积极的态度。

第三，教师还可以通过实践活动来培养学生的耐心和毅力。例如，组织学生参与一些长期的项目或任务，让他们在实践中体会到持之以恒的重要性。在这个过程中，教师可以给予学生适当的指导和支持，帮助他们克服困难，坚持到最后。

二、解决问题能力的评价与提升

（一）注重思维过程的评价

1. 观察学生的思维路径

在评价学生解决问题的能力时，教师应该注重观察学生的思维路径。这包括学生在解决问题时所采取的思考步骤、思维逻辑的合理性以及解决问题的方法和策略等。通过观察学生的思维过程，教师可以了解学生的思维方式和思考习惯，从而更准确地评价其解决问题的能力。

2. 考查学生分析问题的能力

在评价学生解决问题的能力时，教师应该重点考查学生分析问题的能力。这包括学生对问题的理解程度、对问题进行分析的深度和广度，以及是否能够从多个角度去思考和解决问题。通过评价学生分析问题的能力，可以了解其解决问题的思维方式和逻辑推理能力。

3. 评估学生的判断能力和创新能力

除了问题分析能力外，教师还应该评估学生的判断能力和创新能力。判断能力指学生在解决问题时是否能够做出正确的判断和决策，而创新能力则指学生是否能够提出新颖的观点和解决方案。通过评价学生的判断能力和创新能力，可以全面了解他们解决问题的综合能力和水平。

（二）多样化的评价方式

1. 课堂讨论与互动

课堂讨论是评价学生解决问题的能力的重要方式之一。教师可以通过组织学生进行小组讨论或全班讨论的形式，让学生分享自己的观点和解决方案，展现其解决问题的能力。通过课堂讨论，教师可以观察学生的思维过程和表达能力，评价他们解决问题的能力。

2. 项目实践与报告

项目实践是评价学生解决问题的能力的有效途径之一。教师可以布置一些与课程内容相关的项目任务，要求学生自主设计和完成，并撰写项目报告。通过项目实践，学生能够运用所学知识解决实际问题，展现他们解决问题的能力。教师可以通过评阅学生的项目报告，了解他们的解决问题过程和能力水平。

3. 小组合作与评价

小组合作是评价学生解决问题的能力的另一种方式。教师可以将学生分成小组，共同完成一些任务或项目，并要求他们相互合作、交流和互助。通过小组合作，学生能够在合作中相互学习和借鉴，共同解决问题，展现他们团队合作和解决问题的能力。同时，教师也可以引导学生进行评价，让他们互相评价和反馈，促进学生之间的交流和成长。

（三）提供针对性的反馈和指导

1. 及时反馈和指导

（1）观察学生解决问题的过程

教师应该密切观察学生在解决问题时的思考过程、方法选择以及解决方案的实施情况。这可以通过课堂观察、作业评定等方式进行。

（2）提供具体的反馈

教师在反馈时应该具体指出学生在解决问题中存在的错误、不足之处以及可以改进的地方。反馈应该具有针对性，帮助学生理解问题所在，并给予相应的建议和指导。

（3）鼓励积极参与课堂讨论

通过课堂讨论，教师可以及时纠正学生的错误理解，引导他们深入思考问题，并促进他们解决问题的能力的提升。

2. 个性化的指导和辅导

（1）了解学生的个性化需求

教师应该了解每个学生的学习特点、水平和需求，根据不同学生的情况进行个性化的指导和辅导。

（2）提供个性化的学习任务

教师可以根据学生的能力水平和兴趣爱好，设计不同难度和类型的学习任务，让每个学生都能找到适合自己的学习路径。

（3）灵活运用不同的教学方法

鉴于学生个体差异的存在，教师可以灵活运用不同的教学方法和策略，以满足不同学生的学习需求。比如，对于一些学生，可以采用个别辅导的方式进行指导，对于另一些学生，可以组织小组活动或提供更多的练习机会。

3. 鼓励学生自主反思和总结

（1）引导学生进行自主反思

教师可以通过提出问题、启发讨论等方式，引导学生对自己解决问题的过程进行反思，帮助他们发现问题、总结经验，并形成自己的解决问题的策略。

（2）鼓励学生定期总结

教师可以要求学生定期总结自己的学习情况和解决问题的经验，反思自己的学习方法和策略，及时发现问题并加以改进。

（3）提供自主学习的机会

教师可以鼓励学生利用课外时间自主学习，通过阅读、实践等方式提升自己解决问题的能力。同时，教师也可以提供相关的学习资源和指导，帮助学生更好地进行自主学习和反思。

第七章　高中物理实验教学与实践活动的开展

第一节　实验教学的重要性与意义

一、实验教学的价值与目标

（一）转化理论知识

1. 理论知识的应用

实验教学在高中物理教育中具有重要的地位，其中理论知识的应用是其核心目标之一。通过实验操作，学生能够将抽象的物理理论转化为具体的实践能力，从而加深对物理学原理的理解和掌握。实验教学提供了一个实践性的学习环境，使学生能够直接参与观察、测量、实验设计和数据分析等活动，将课堂上学习到的理论知识应用于实际操作中。

第一，通过实验操作，学生可以亲身体验物理规律。相较于纯粹的理论课堂，实验教学提供了一个直观的学习环境，让学生通过观察实验现象、操作实验仪器来感受物理规律的存在和运作。例如，通过观察滑块在斜面上的运动过程，学生可以直观地理解斜面上的力学原理，从而加深对这一理论的理解。

第二，实验教学能够促进学生将理论知识应用于实际操作中。在实验过程中，学生需要运用所学的理论知识来设计实验方案、分析实验数据，并得出相应的结论。例如，在研究电路的实验中，学生需要根据电阻、电流、电压等理论知识设计电路，并通过实验验证理论模型的准确性，从而巩固和应用所学的物理知识。

2.加强理论实践结合

实验教学在高中物理教育中的重要性不言而喻，其核心价值在于加强理论与实践的结合。通过实验，学生得以将所学的抽象理论知识与实际操作相结合，从而使得那些原本晦涩难懂的概念变得具体可见。这种理论与实践的结合不仅有助于加深学生对物理现象的理解，更能够培养他们的实践操作能力和科学思维。

第一，实验教学使得抽象的物理理论变得具体可见。通过亲身参与实验操作，学生得以直接观察、测量和记录实验现象，从而直观地感受到物理规律的存在和运作。例如，在学习光学原理时，学生可以通过实验操作观察光的折射、反射等现象，从而深入理解光的传播规律，而不仅仅是停留在书本上的抽象概念。

第二，实验教学能够促进学生的实践操作能力和科学思维能力的培养。在实验过程中，学生需要运用所学的理论知识设计实验方案、操作实验仪器、收集实验数据，并进行数据分析和结论归纳。这种实践性的学习过程有助于锻炼学生的观察力、分析能力、判断力以及解决问题的能力，使他们成为具有实践能力的科学家和工程师。

第三，实验教学有助于激发学生的学习兴趣和热情。通过生动有趣的实验操作，学生能够积极参与到学习过程中，体验到科学探索的乐趣，从而激发出对物理学科的兴趣和热情。这种积极的学习态度有助于培养学生的自主学习意识和习惯，为他们未来的学习和科研打下坚实基础。

（二）提高实践能力

1.实验操作技能的培养

实验教学在高中物理教育中的重要性不仅在于加深学生对物理现象的理解，更在于培养学生的实践操作能力。通过实验，学生能够掌握各种实验操作技能，包括观察、测量、实验设计和数据分析等方面的技巧，从而为他们未来的科学研究和工作打下坚实基础。

第一，实验教学通过观察和测量，培养学生的观察力和测量技能。在实验过程中，学生需要仔细观察实验现象，并进行准确的测量和记录。通过反复实验和观察，学生逐渐掌握了观察和测量的技巧，提高了他们对物理现象的认识和理解。

第二，实验教学通过实验设计，培养学生的实验设计能力。在进行实验之前，学生需要设计合适的实验方案，确定实验的目的、方法和步骤，并预测实验结果。通过实验设计，学生能够培养自己的实验思维和创新能力，提高解决问题的能力和科学素养。

第三，实验教学还通过数据分析，培养学生的数据处理和分析能力。在实验结束后，学生需要对实验数据进行收集、整理和分析，并根据数据结果进行结论和总结。通过数据分析，学生能够掌握统计方法和数据处理技巧，提高科学思维和逻辑推理能力。

2. 数据分析能力的提升

实验教学在提升学生数据分析能力方面扮演着重要的角色。通过实验，学生不仅能够掌握实验操作的技能，还能够学习如何收集、整理和分析实验数据。这种数据分析的过程不仅仅是对数据进行简单的处理，更重要的是学生能够通过数据分析来理解实验现象背后的物理规律，培养他们的逻辑思维和科学分析能力。

第一，实验教学提供了学生与数据亲密接触的机会。学生通过实验操作，亲自参与数据的收集和处理过程，从而深入了解数据的本质和特点。在这个过程中，他们学会了如何记录数据、整理数据以及从数据中提取关键信息，这有助于培养他们的数据分析能力。

第二，实验教学促进了学生对实验数据的深入理解。通过对数据的分析，学生能够发现数据之间的内在联系和规律性，从而理解实验现象的本质和机理。例如，学生可能会发现某些物理规律通过数据分析呈现出特定的数学模式或趋势，从而加深对这些规律的理解。

第三，数据分析过程也培养了学生的逻辑思维和科学推理能力。在进行数据分析时，学生需要运用逻辑思维和科学方法，从数据中提炼出有效的信息，并做出合理的推断和结论。这种过程不仅有助于提升他们的分析能力，还能够训练他们的问题解决能力和创新思维。

（三）激发兴趣热情

1. 生动有趣的实验活动

实验教学中生动有趣的实验活动是激发学生学习兴趣和提高学习积极性的重要途径之一。通过设计富有趣味性和挑战性的实验，可以使学生在参与实验的过程中感受到学科的魅力，进而激发他们的学习兴趣和热情。

第一，生动有趣的实验活动能够吸引学生的注意力。相比于传统的课堂讲述，实验活动能够提供更加直观、形象的学习方式，让学生通过观察、操作等方式参与其中，从而更加专注和投入。例如，通过制作简易的物理模型或利用有趣的实验器材展示物理原理，可以让学生在轻松愉快的氛围中学习物理知识。

第二，生动有趣的实验活动能够激发学生的好奇心和求知欲。学生通常对新奇的事物和未知的领域充满好奇心，而通过参与实验活动，他们可以亲身体验物理规律，探索未知领域，满足自己的好奇心。例如，设计具有趣味性的实验场景或展示有趣的物理现象，可以引发学生的思考和探索欲望，促使他们积极参与实验活动。

第三，生动有趣的实验活动还能够培养学生的动手能力和实践技能。在实验过程中，学生需要进行观察、操作、测量等一系列活动，这不仅锻炼了他们的动手能力，还培养了他们的实践技能和实验操作技巧。通过亲身参与实验活动，学生可以加深对物理原理的理解，提高解决问题的能力。

2. 主动学习的态度和习惯

实验教学在培养学生主动学习的态度和习惯方面发挥着至关重要的作用。通过实验，学生得以亲身参与并探索物理现象，这种参与性的学习方式激发了他们的好奇心和求知欲，从而促使他们更加积极地投入到学习中。这种主动参与的过程不仅使学生更加主动地获取知识，还激发了他们对学习的兴趣，培养了他们持续学习的态度和习惯。

第一，实验教学提供了学生实践操作的机会。在实验中，学生需要亲自进行实验操作、观察现象、记录数据等，这种实践操作的过程让学生更加深入地理解和掌握所学知识。通过亲身参与实验，学生能够加深对物理规律的理解，从而形成更为深刻的学习体验。

第二，实验教学强调学生的自主学习和发现。在实验中，学生往往需要自主设计实验方案、思考问题、总结实验结果等，这种自主性的学习过程促使学生主动探索和发现知识，培养了他们独立思考和解决问题的能力。学生通过实验获得的自主学习经验将成为他们未来学习的宝贵财富。

第三，实验教学还鼓励学生积极合作和交流。在实验中，学生常常需要与同伴共同合作、讨论问题、交流经验，通过与他人的合作和交流，学生不仅能够加深对知识的理解，还能够学会倾听和尊重他人的观点，培养团队合作和交流能力。这种合作与交流的过程不仅有助于学生更加全面地理解和掌握知识，还培养了他们良好的团队合作精神。

二、实验设计与指导原则

（一）设计原则

1. 简单明了

实验设计应当简单清晰，避免复杂的操作步骤和难以理解的内容，使学生能够清晰明了地理解实验的目的和过程。

2. 操作便捷

实验设备和材料应当易于获取和操作，以确保学生能够顺利完成实验，集中精力进行观察和分析，而不被烦琐的操作所干扰。

3. 内容贴近生活

实验内容应当与学生的生活经验和日常观察相结合，让学生能够从身边的事物中感受到物理规律的存在和应用，增强学习的实用性和趣味性。

4. 直观展示物理规律

实验设计应能够直观地展示物理规律，使学生通过实验操作直接观察到现象，从而理解物理原理和规律的内在关系。

5. 具有一定挑战性

实验设计不应过于简单，应该具有一定的挑战性，能够激发学生的思考和探究欲望，引导他们主动探索和发现知识。

（二）指导原则

1. 引导学生发现问题

教师应当引导学生从实验现象中发现问题，激发其好奇心和求知欲，帮助他们认识到实验中存在的未解之谜。

2. 提出问题

教师应鼓励学生提出问题，并引导他们思考问题的本质和解决方法，培养他们的科学探究精神和批判思维能力。

3. 设计实验方案

教师应当指导学生设计合理的实验方案，包括实验步骤、操作方法、数据采集等，培养学生的实验设计和规划能力。

4. 进行实验操作

教师应在必要时给予学生一定的指导和支持，但尽量减少对学生的干预，让他们在实验过程中自主探索和实践。

5. 分析结果

教师应引导学生对实验结果进行分析和总结，帮助他们从数据中发现规律和结论，培养他们的科学分析和推理能力。

第二节　设计有效的实验教学方案

在设计有效的实验教学方案时，需要充分认识到高中物理知识的特点。这些知识往往涉及大量的定义和公式，其抽象性和复杂性使得学生很难在传统的课堂教学中完全理解和掌握。因此，借助物理实验成为一种重要的教学手段，可以帮助学生更好地理解和掌握知识，提高学习效果。

一、高中物理实验教学的现状回顾

物理学产生和发展的过程，物理学理论的建立和发展都与实验相关。开展实验教学，不仅可让学生更直观地感受物理现象，学习物理知识，而且可培养学生的动手操作能力，培养学生的探究能力和创造能力。实验对物理教学非常重要，但是在具体开展的物理教学工作中，深受课时、资金、实验器材和设备、保护学生安全等因素的影响，导致高中物理实验教学偏离正常轨道，不利于物理教学的健康发展。现阶段，高中物理教学的现状主要表现在以下三个方面。

（一）黑板上的实验

在当前一些学校的物理实验教学中，存在着一种被称为"黑板上的实验"的现象。这种情况下，教师并不引导学生进行实验操作，而是在教室的黑板上详细讲解整个实验过程和方法。教师用文字、图示或者其他形式向学生展示实验的步骤、操作方法以及可能产生的结果。这样的教学方式旨在让学生对物理知识点有一定的感性认知，通过直观的描述让他们能够想象实验的过程和结果。随后，教师会将实验中涉及的知识点整理出来，并选取与实验相关的习题进行讲解，以巩固学生对实验内容的理解。

尽管这种"黑板上的实验"方式在一定程度上有助于学生理解实验内容，但其局限性也显而易见。首先，学生缺乏亲身参与实验的机会，无法通过实践操作来巩固理论知识。实践中的问题、挑战和解决过程对于学生的学习至关重要，而这些在"黑板上的实验"中无法得到体现。其次，这种方式也无法培养学生的实践能力和动手操作能力。物理实验不仅是理论知识的应用，更是一种技能的培养过程，学生需要通过亲身实践来掌握操作方法和技巧，从而提高自己的实验技能水平。

（二）屏幕上的实验

随着多媒体技术的不断进步，教师在物理实验教学中常常利用教学课件来展示实验过程。通过在屏幕上播放相关的实验视频或动画，学生能够更直观地了解实验的进行过程和结果。这种方式在一定程度上提高了学生对实验内容的理解和认知，使得物理知识更加形象生动。

然而，尽管屏幕上的实验能够为学生提供直观的观察体验，但其也存在一些不足之处。首先，学生仅仅是实验的观看者，而非参与者，无法亲自动手操作实验器材，这违背了实验教学的初衷。实验教学的目的之一是通过实践操作培养学生的实践能力和动手能力，使其能够独立设计和进行实验，而屏幕上的实验无法达到这一目的。其次，学生只是被动观看实验，缺乏与实验现象的亲身接触和互动，无法深入理解实验中的细节和关键步骤。这种被动的观看方式往往难以激发学生的学习兴趣和探究欲望，而且可能导致学生的学习动力不足。

因此，尽管屏幕上的实验为学生提供了一种新的学习体验，但其在培养学生实践能力和动手操作能力方面存在明显的局限性。为了更好地发挥实验教学的作用，教师需要在利用多媒体技术展示实验的同时，积极鼓励学生参与其中，采取更多的互动性教学方式，让学生成为实验的主体，通过亲身实践来感知物理现象，培养他们的实践能力和动手操作能力。

（三）教师演示实验

出于安全和时间管理的考虑，教师常常选择通过自己进行实验操作来演示实验。在这种教学方式下，教师会详细讲解实验的操作方法和注意事项，同时进行实验操作，让学生通过观察来了解实验的过程和结果。尽管这种方式在一定程度上能够让学生直观地感知实验内容，但却存在一些明显的局限性。

第一，学生作为被动观察者，无法亲身参与实验操作，无法在实践中掌握正确的实验步骤和方法。实验教学的核心之一是培养学生的实践能力和动手操作能力，而教师演示实验的方式无法实现这一目标。学生缺乏自主探索和实践的机会，难以深入理解实验的本质和过程。

第二，教师演示实验往往是线性的，学生被动观看整个实验过程，缺乏与实验内容的互动和讨论。这种单向传递的教学方式难以激发学生的学习兴趣和探究欲望，可能导致学生的学习动力不足。

第三，教师演示实验也存在一定的时间限制，无法满足每位学生都能充分参与的要求。在有限的课堂时间内，教师往往只能演示一部分实验内容，导致学生对实验的整体理解不够全面。

二、高中物理实验教学现状的原因分析

高中物理实验教学之所以采用黑板实验、演示实验、大屏幕实验，很少让学生亲身参与到实验操作中来，究其根本，主要受到以下五个因素的影响。

（一）高考的导向作用

高考是当前中国教育体系中的重要组成部分，对学生的学习和教师的教学产生了深远影响。由于高考主要考查学生解答试卷的能力，对动手操作实验的要求相对较低。因此，教师和学生更加注重的是对知识点的理解和记忆，而不是实验操作的技能。这种考试制度的导向作用使得实验教学在课堂中的地位相对被忽视。

（二）教师的态度和意愿

部分教师不愿意开展实验教学的原因在于，开展实验教学需要教师投入大量的时间和精力。教师需要熟悉实验器材和实验过程，并对学生进行指导和辅导。而一些教师认为，直接讲解知识点比实验教学更为高效，因此不愿意花费额外的精力去开展实验教学。

（三）课时有限和教学任务繁重

教师面临的课时有限和教学任务繁重也是影响实验教学的因素之一。在有限的课时内，教师需要完成大量的教学内容，尤其是针对高考科目。因此，教

师和学生的主要目的是学习知识点、提高成绩，而不是花费时间在实验操作上。

（四）学生安全考虑

学校和教师对学生的安全负有重要责任，出于对学生安全的考虑，教师不愿意让学生亲自参与实验操作，以免发生意外伤害导致责任问题。这种安全考虑会限制实验教学的开展，导致更多的实验内容以教师演示的方式呈现。

（五）学校资源配置和管理

一些学校可能并不重视实验教学，对实验室和相关设备的配置和管理不够重视。学校认为，教师讲解实验也能够满足学生的学习需求，而不必投入大量的资金和资源用于实验设备的购买和实验室的管理。这种资源配置和管理的不足导致了实验教学在学校中的地位相对较低。

导致高中物理实验教学现状的原因是一个复杂的综合体系，包括了考试制度、教师态度、课时限制、学生安全、学校资源配置等多个方面的因素。要想改变这种现状，需要从多个方面入手，包括改革高考制度、提升教师的教学意愿、合理利用课时资源、加强学生安全教育以及加强学校实验教学资源的配置和管理等方面。

三、推动高中物理实验教学实施的主要措施

（一）改变物理考试方式

1. 将实验列入高考范围

为了促使学生更加重视实验教学，应当将实验内容纳入高考考试范围。传统的高考考试主要以笔试形式进行，而实验技能的考查并不充分，这导致了学生对实验教学的重视程度不高。因此，有必要对高考的考试方式进行改革，将实验内容作为考试的一部分，以考试成绩的方式促使学生重视实验教学。具体而言，可以考虑将高考成绩分为理论和实验两个部分，合理分配两者的比例。例如，可以将理论部分和实验部分的比例设置为 7：3，以确保实验教学在高中物理教育中的地位得到充分的体现。

将实验纳入高考范围的意义在于，通过考试成绩的方式，激发学生对实验教学的兴趣和重视，促使他们更加主动地参与到实验活动中来。实验是物理学习中不可或缺的一部分，通过实验可以让学生亲自动手操作，深入感受物理现象，理解物理理论，培养实验技能和科学素养。因此，将实验纳入高考范围可

以促进学生全面发展，提高他们的实验技能和科学素养水平。

将实验纳入高考范围还可以促进学校和教师重视实验教学的开展。学校和教师通常会将高考成绩作为衡量教学质量的重要指标，因此，如果实验内容成为高考考试的一部分，学校和教师就会更加重视实验教学，提供更好的实验条件和资源支持，推动实验教学的开展。

2. 列入毕业考试内容

将实验内容列入毕业考试的考核范围是一项重要的举措，可以有效地促使学生对实验教学的重视，并确保他们在毕业前掌握基本的实验技能。传统上，毕业考试主要以笔试形式进行，而对实验技能的考核相对较少，这导致了学生对实验教学的关注程度不足。因此，将实验内容纳入毕业考试的内容中，对所有选择物理的学生进行统一组织的实验操作考试是非常必要的。

在这种考试形式下，学生将被要求完成指定的实验内容，以展示他们在实验操作方面的能力和水平。这种方式不仅能够确保学生在毕业前掌握基本的实验技能，还可以激发他们对实验教学的兴趣和重视。对于不合格的学生，可以提供两次补考的机会，以确保每个学生都有足够的机会掌握实验技能。这样的考试形式不仅能够促进学生的学习积极性，还可以提高他们的实验操作能力和科学素养水平。

通过将实验内容纳入毕业考试的考核范围，还可以促进学校和教师对实验教学的重视程度。学校和教师通常会将毕业考试成绩作为衡量教学质量的重要指标，因此，如果实验内容成为毕业考试的一部分，学校和教师就会更加重视实验教学，提供更好的实验条件和资源支持，推动实验教学的深入开展。

（二）改变传统教学观念

1. 教育部门监管和检查

教育部门在推动高中物理实验教学的发展中扮演着重要角色，其监管和检查工作对于促进实验教学的落实至关重要。教育部门应将实验教学作为重点监管和检查的内容，确保学校和教师充分开展实验教学活动。为此，教育部门可以每学期深入学校进行检查，对实验教学的开展情况进行全面评估，发现问题及时进行整改。通过定期的检查，可以督促学校和教师始终保持对实验教学的高度重视，确保实验教学工作的顺利开展。

教育部门还应组织物理教师参加实验操作培训，提高教师的实验教学水平和操作技能。这样的培训可以帮助教师更好地掌握实验教学的方法和技巧，提升他们的实验操作能力，进而更好地指导学生进行实验。同时，定期组织公开课比赛和操作技能比赛也是激励教师积极参与实验教学的有效方式。这些比赛可以为教师提供展示自己实验教学成果的平台，激发他们的教学热情，促进实验教学的不断创新和提高。

2. 学校资源配备和管理

学校资源的充分配备和有效管理对于推动高中物理实验教学的顺利开展至关重要。首先，学校应当高度重视实验教学的开展，并且为此提供充足的实验设备和器材。这包括但不限于各种实验仪器、工具、材料以及实验室所需的各类设备。只有确保实验设备充足，才能够支撑起高质量的实验教学活动。此外，学校还应当配备物理课专用教室，为实验教学提供必要的场地条件。物理专用教室不仅可以保证实验教学的专业性和安全性，还能够为学生提供良好的学习环境，促进实验教学的有效开展。

学校管理者在实验教学方面的管理工作也至关重要。他们需要加强对实验室的管理，确保实验环境的安全和整洁。这包括对实验室设施设备的定期检查和维护，确保实验设备的正常运转和安全使用。同时，学校管理者还应当制定和完善相关的管理制度和规范，对实验室的使用进行规范和管理。他们需要制定实验室使用的预约制度和规定，确保实验室的合理利用和资源的充分利用。此外，学校管理者还应当加强对实验教师的培训和指导，提高其实验教学水平和管理能力，为实验教学的开展提供有力的保障。。

3. 教师观念转变

教师在实验教学方面的观念转变至关重要，这需要从根本上重新认识实验教学的价值和作用。第一，教师应当意识到实验教学的重要性，明白实验教学是物理学习中不可或缺的一环。实验教学不仅是为了让学生掌握实验操作技能，更重要的是能够促进学生的综合能力和创新意识的培养。通过实验，学生可以深入理解物理知识，掌握科学实验的方法和技巧，培养动手能力和实践能力，进而提高解决问题的能力和创新思维的水平。

第二，教师应认识到实验教学不仅仅是为了完成课程教学任务，更是为了培养学生的综合素质和实践能力。传统的课堂教学更注重理论知识的传授，而实验教学则能够为学生提供更直观、更深入的学习体验。通过亲身参与实验，学生可以自主探索、发现问题、解决问题，培养探究精神和创新意识。因此，教师应意识到实验教学对学生综合素质和创新能力的重要促进作用，从而重视实验教学的设计和实施。

第三，教师应积极探索和创新实验教学的方法和手段，不断提升实验教学的质量和效果。教师可以通过设计富有挑战性和趣味性的实验项目，引导学生主动参与实验，激发他们的学习兴趣和求知欲。同时，教师还应关注学生在实验过程中的思维过程和表现，及时给予指导和反馈，帮助他们克服困难，提高实验操作的水平和技能。教师还可以借助现代技术手段，如多媒体教学、虚拟实验等，丰富实验教学的形式和内容，提升学生的学习体验和效果。

4. 学生观念转变

学生对实验教学的观念转变至关重要，他们需要意识到实验教学对于学习物理知识和培养实践能力的重要性。第一，学生应明白实验教学是物理学习的重要组成部分，能够帮助他们更深入地理解和掌握所学的知识。通过亲身参与实验操作，学生可以观察和分析实验结果，加深对物理理论的理解，形成对知识的深层次认知。因此，学生应积极主动地参与实验教学，勇于尝试和探索，发挥自己的想象力和创造力，在实践中不断提升自己的实验操作能力和科学素养。

第二，学生需要学会正确对待实验教学，在实验过程中保持积极的态度。教师在实验教学中应起到引导和激励的作用，鼓励学生在实验中主动思考和提问，勇于表达自己的观点和想法。学生应学会在实验中发现问题、解决问题，培养批判性思维和解决问题的能力。同时，学生还应学会在实验中尊重事实、尊重规律，注重观察和实验数据的准确性，培养科学严谨的态度和方法论。

第三，学生需要培养实践能力和创新精神，将实验教学与理论知识相结合，形成完整的学习体系。实验教学不仅是为了学习知识，更是为了培养学生的实践能力和创新意识。学生应认识到实验教学是他们成长过程中的重要组成部分，要充分利用实验教学的机会，积极参与其中，不断提升自己的实验技能和科学素养。只有通过实践和探索，学生才能够真正理解和应用所学的知识，发展自己的创新潜能，成为具有扎实理论基础和丰富实践经验的综合型人才。

（三）开展分组实验

1.促进学生合作学习

分组实验是促进学生合作学习的有效方式之一，通过这种方式，学生可以在实验操作中相互学习、相互进步，共同探索和发现物理现象背后的规律。

第一，分组实验为学生提供了一个合作学习的平台，使他们能够共同参与实验的设计、操作和分析过程。在小组中，学生们可以相互讨论、交流想法，共同制定实验方案，从而培养了团队合作意识和协作能力。通过集思广益，学生们能够更好地理解和应用所学的物理知识，提高解决问题的能力和效率。

第二，分组实验激发了学生的创新精神和探索欲望。在实验中，学生们不仅仅是实验的执行者，更是问题的解决者和发现者。他们通过独立思考和合作探讨，积极尝试各种可能的方案，发挥自己的想象力和创造力，从而不断探索和发现新的实验现象和规律。这种创新意识和探索精神的培养，有助于激发学生的学习兴趣，提高学习主动性和参与度。

第三，分组实验为学生提供了一个共同成长的机会。在实验中，学生们可以相互借鉴、互相启发，共同进步。通过与同学们的合作学习，学生们不仅增强了对物理知识的理解和掌握，还培养了批判性思维和问题解决能力。他们学会了尊重他人、倾听他人的意见，培养了良好的团队合作精神和沟通能力，为未来的学习和工作打下了良好的基础。

2.提高学生实践能力

分组实验作为一种有效的实践教学方式，极大地促进了学生实践能力的提升。

第一，通过参与实验操作，学生能够亲身体验物理现象，并通过动手操作来解决问题。实践操作不仅使学生对理论知识有了更深入的理解，还培养了他们的实验技能和动手操作能力。在实验过程中，学生需要根据实际情况调整操作步骤，观察实验现象并记录数据，这些活动锻炼了学生的实践能力和动手操作能力。

第二，分组实验鼓励学生进行合作学习和团队合作。在小组中，学生们需要共同商讨实验方案，分工合作完成实验操作，并共同分析实验结果。通过与同学们的合作学习，学生们能够互相学习、互相促进，共同解决问题，从而提高了实践能力和团队合作意识。在团队合作中，学生们不仅学会了如何与他人合作，还培养了解决问题的能力和沟通交流的技巧，这对于他们未来的学习和工作都具有重要意义。

第三，分组实验还培养了学生的科学精神和创新意识。在实验过程中，学生需要不断探索和发现问题，并通过思考和合作找到解决问题的方法。通过积极参与实验操作，学生们能够培养自己的观察力、思维能力和创新意识，从而更好地理解和应用所学的物理知识。实践能力的提高不仅仅是动手操作的技能，更是培养学生解决实际问题的能力和思维方式，为他们未来的学习和生活奠定了坚实的基础。

（四）注重课外实验的开展

1. 拓展课外实验内容

教师的鼓励和引导对于学生开展课外实验至关重要。通过课外实验，学生不仅可以巩固课堂上所学的知识，还能够拓展自己的思维和实践能力。

第一，学生可以根据自己的兴趣和学习需求选择实验课题，这种自主选择的方式可以更好地激发学生的学习兴趣，提高他们的主动学习能力。在选择实验课题的过程中，学生们需要思考和探讨，从而培养了他们科学思维的意识和解决问题的能力。

第二，学生可以通过自制实验器材或向学校申请使用实验室进行实验操作。自制实验器材不仅可以锻炼学生的动手能力和创造力，还可以降低实验成本，提高实验的可行性。同时，学生也可以向学校申请使用实验室进行实验操作，这样可以借助更为专业的设备和环境，进行更加深入和复杂的实验研究。在实验操作过程中，学生需要不断地观察、记录和分析实验数据，培养了他们的观察力、分析能力和实验技能。

第三，课外实验还可以为学生提供更多的学习机会和探索空间。在实验中，学生可以自由地提出问题、探索解决方案，并通过实践验证自己的想法，这种探索性学习方式可以更好地激发学生的学习兴趣和创新意识。通过课外实验，学生们能够全面地理解和掌握物理知识，培养了他们的实践能力、创新精神和团队合作意识，为他们未来的学习和发展奠定了坚实的基础。

2. 培养学生的实践能力

课外实验是培养学生实践能力的重要途径之一。通过课外实验，学生有机会将课堂上学到的理论知识与实际操作相结合，从而提高他们学以致用的能力。

第一，课外实验为学生提供了一个自主探索的平台。在实验中，学生们不再是被动接受知识，而是能够积极参与到实验设计、操作和结果分析的过程中。他们可以自主选择实验课题，设计实验方案，根据实验结果进行推理和总结，从而培养了他们独立思考和解决问题的能力。

第二，课外实验可以促进学生的创新意识和探究精神。在实验过程中，学生们常常会遇到各种问题和挑战，需要通过自己的努力和思考找到解决方案。这种探索性学习方式不仅能够激发学生的求知欲和好奇心，还能够培养他们的创新意识和解决问题的能力。学生们会尝试不同的方法和思路，勇于挑战自己的极限，从而培养了他们的创造力和创新精神。

第三，课外实验还可以提高学生的实验技能和操作能力。在实验中，学生们需要进行各种实验操作，如搭建实验装置、调节实验参数、记录实验数据等，这些操作能力的培养对于学生未来的学习和工作都具有重要意义。通过反复的实践操作，学生们不仅能够熟练掌握实验技巧，还能够提高他们的动手能力和实践能力，为他们今后从事科学研究和工程实践打下坚实的基础。

（五）关注实验操作细节

1. 培养科学严谨的态度

（1）实验操作细节的重要性

在进行实验教学时，教师应强调实验操作细节的重要性，以培养学生科学严谨的态度。实验操作细节涵盖了实验器材的选择和使用、操作步骤的正确性以及数据记录和分析等方面。教师可以通过具体的案例或实验示范来向学生说明，即使是微小的操作失误或疏忽也可能导致实验结果的偏差，从而影响到科学实验的准确性和可靠性。因此，学生需要在实验操作中保持高度的注意力，以确保实验过程的科学严谨性。

（2）培养观察能力

通过关注实验操作细节，学生能够培养观察能力，即对实验中发生的细微变化和现象进行观察和分析的能力。教师可以引导学生在实验操作中注重细节的观察，例如观察试剂颜色的变化、仪器指针的移动、实验装置的状态等，从而加深学生对实验现象的理解和认识。通过培养观察能力，学生能够更加深入地理解实验原理和科学概念，提高他们的科学素养和实验技能。

2.加强实验操作训练

（1）定期组织实验训练

教师应定期组织学生进行实验操作训练，以提高他们的实验操作技能。训练内容可以包括常见实验操作的演示和模拟练习，例如酸碱中和实验、电路搭建实验等。通过反复的实验操作训练，学生能够熟练掌握实验操作的步骤和技巧，提高操作的准确性和效率。

（2）个性化指导和辅导

在实验训练过程中，教师应针对不同学生的实际情况提供个性化的指导和辅导。对于操作熟练的学生，可以提供一些高难度的实验操作任务，以挑战他们的实验技能；对于操作相对较弱的学生，则需要进行重点训练和针对性指导，帮助他们逐步提升实验操作水平。

3.注重实验操作的实用性

（1）设计实用性强的实验

教师在设计实验内容时应注重实验操作的实用性，即实验内容能够反映学生实际生活中的问题或情境。例如，设计与日常生活相关的实验，如水的凝固过程、声音的传播实验等，可以增强学生对实验内容的兴趣和理解，提高他们参与实验的积极性和主动性。

（2）强调实验操作的应用价值

教师在实验教学中应强调实验操作的应用价值，即实验操作能够帮助学生理解和应用相关的科学知识。通过向学生介绍实验操作的实际应用场景和意义，可以增强学生对实验的重视程度，激发他们对实验的兴趣和探索欲望。

4.提高实验操作的规范性

（1）强调实验操作规范

教师应向学生强调实验操作的规范性，要求他们严格按照实验操作的规范流程进行操作。这包括正确使用实验器材、按照操作步骤依次进行实验、准确记录实验数据等方面。通过规范的实验操作，可以保障实验过程的安全性和可靠性，确保实验结果的准确性和可信度。

（2）培养实验操作的纪律意识

教师在实验教学中应重视培养学生的实验操作纪律意识，要求他们严格遵守实验室规章制度和操作规程。学生应该尊重实验室的安全规定，保持实验环境的整洁和安全，确保实验操作的顺利进行。通过培养实验操作的纪律意识，可以提高学生的责任感和自律能力，为他们今后的科学研究和实践活动打下良好的基础。

第三节　实践活动的引入与组织策略

一、实践活动设计与实施

（一）设计策略

1.结合学科内容特点设计活动

（1）基于物理学科特点设计活动

实践活动的设计应充分考虑到物理学科的特点，如强调实验验证、探究性学习和数学运用等。活动可以围绕着物理学科的基本概念和原理展开，例如运用牛顿运动定律设计碰撞实验、利用光学原理设计光学成像实验等，使学生通过实践活动直观地理解和掌握物理学科的知识和技能。

（2）突出物理现象和规律

活动设计应侧重突出物理学科中的各种物理现象和规律，例如机械运动、热力学、电磁学等。通过设计与这些现象和规律相关的实践活动，可以帮助学生更好地理解和应用物理学科的知识，提高他们的实验技能和科学素养。

2.激发学生的学习兴趣和探究欲望

（1）设计趣味性实验和探究项目

教师可以设计具有趣味性和挑战性的实践活动，如设计有趣的小型实验、探究项目或物理游戏等。这些活动能够吸引学生的注意力，激发他们的学习兴趣和探究欲望，促使他们更加积极地参与到实践活动中来。

（2）引入竞赛元素

可以组织实验竞赛或项目竞赛，让学生在竞争中体验乐趣，激发他们学习的动力和兴趣。竞赛形式的实践活动不仅可以促进学生的竞争意识和团队合作精神，还可以提高他们的学习效果和实践能力。

3.考虑学生的实际情况和兴趣爱好

（1）个性化设计

教师应根据学生的年龄、学习水平和兴趣爱好，设计符合其实际情况的实践活动。活动设计要贴近学生的生活和经验，关注他们的学习需求和兴趣点，以提高学生的参与度和学习效果。

（2）提供选择和自主权

在活动设计中，应给予学生一定的选择和自主权，让他们能够根据自己的兴趣和需求选择适合自己的实践项目和内容。这样可以增强学生的参与感和主动性，提高实践活动的有效性和吸引力。

4.多样化的活动设计

（1）实验、观察和模拟结合

活动设计应包括实验、观察、模拟等多种形式，以满足不同学生的学习需求和兴趣。通过结合不同形式的活动设计，可以激发学生的学习兴趣，提高他们的学习效果和实践能力。

（2）任务型和项目型设计

教师可以设计任务型和项目型的实践活动，让学生在实践中完成具体的任务或项目，通过合作、探究和解决问题的过程，提高他们的实践能力和创新意识。

（二）实施方式

1.积极引导学生参与

（1）提前激发学生的兴趣与好奇心

在实践活动开始之前，教师可以通过介绍活动的背景、意义和预期结果，引发学生的兴趣和好奇心。例如，可以通过展示有趣的实验现象或相关视频，激发学生对实践活动的兴趣，从而促使他们积极参与。

（2）设立启发性问题引导学生思考

在实践活动进行过程中，教师可以设立启发性问题，引导学生思考和探索。这些问题可以涉及实验现象的原理、实验结果的解释、可能存在的问题等，激发学生的思维，促使他们深入探究和思考。

2.鼓励学生探索和发现

（1）创设探索性实验环境

在实践活动中，教师应创设探索性的实验环境，鼓励学生自主探索和发现。

例如，可以提供一定的自由度和选择空间，让学生根据自己的兴趣和想法设计实验方案，从而激发其探索的欲望和能力。

（2）倡导问题导向的学习

教师可以倡导问题导向的学习方式，鼓励学生通过提出问题、寻找答案的方式进行学习。在实践活动中，学生可以通过提出自己感兴趣的问题，然后通过实验和探索来寻找答案，从而培养其解决问题的能力和探索精神。

3. 提供必要的指导和支持

（1）及时解答学生的疑问和困惑

在实践活动中，学生可能会遇到各种问题和困惑，教师应及时解答并给予必要的指导和支持。通过及时的解答和指导，可以帮助学生顺利进行实验操作，确保实践活动的顺利进行。

（2）引导学生正确实验操作

教师在实践活动中应引导学生采取正确的实验操作方法，包括实验器材的使用、操作步骤的执行等。通过示范和指导，学生可以掌握正确的实验操作技能，提高实验的准确性和可靠性。

4. 注重实践活动的反思和总结

（1）组织学生进行实践活动的反思

在实践活动结束后，教师应组织学生进行实践活动的反思。通过与学生共同讨论实验过程中的经验和教训，分析实验结果的意义和价值，可以帮助学生深入理解实验内容，提高他们的学习效果和实践能力。

（2）指导学生进行实践活动的总结

教师还应指导学生进行实践活动的总结，包括总结实验过程中的实验操作技巧、实验结果的分析和结论等。通过总结，学生可以进一步巩固所学知识，发现实践活动中存在的不足之处，并提出改进和完善的建议。

二、实践活动与课堂教学的融合

（一）融合方式

1. 实践活动作为课堂教学的延伸

（1）课后作业设计

教师可以设计一些与课堂内容相关的实践性作业，要求学生进行实验操作、数据记录、结果分析等。通过这样的作业安排，可以让学生在课后进行实践活动，巩固和应用所学知识，提高他们的学习效果和实践能力。

（2）撰写实验报告

在课堂教学结束后，教师可以要求学生根据课堂实验内容编写实验报告。学生需要回顾实验过程、总结实验结果，并对实验中遇到的问题和解决方法进行分析和讨论。这样的实践活动可以帮助学生加深对课堂内容的理解，培养实验报告撰写能力。

（3）展开项目研究

教师还可以组织学生开展一些项目研究，让他们在课堂外进行实践活动。例如，可以安排学生选择一个物理相关的课题，进行调研、设计实验方案、开展实验操作，并最终形成研究报告或展示。通过项目研究，学生可以深入探究感兴趣的领域，提高他们的创新能力和科学素养。

2. 实践活动作为课堂教学的一部分

（1）实验探究课程设置

教师可以将实验探究作为课程的一部分，安排在课堂教学的特定时间段内进行。通过精心设计的实验探究课程，学生可以在课堂上进行实验操作和探究，直接感受和应用所学知识，提高学习效果。

（2）交互式实验教学

在课堂教学中，教师可以采用交互式的实验教学方式，让学生参与到实验操作和讨论中来。通过与学生互动，教师可以引导学生思考实验现象的原理和规律，促进他们的思维深度和逻辑性发展。

（3）案例分析与实践结合

教师可以在课堂上结合实际案例，让学生进行案例分析和实践操作。通过分析真实的案例，学生可以了解物理知识在实际生活中的应用，并通过实践活动探究解决问题的方法和途径，提高他们的实践能力和创新思维。

（二）融合策略

1. 课前引导

（1）预习指导

在进行实践活动之前，教师可以提前布置相关的预习任务，引导学生通过阅读相关资料、观看视频等方式对实验内容有所了解。预习指导可以帮助学生建立起对实验目的、操作步骤和预期结果的基本认识，为实践活动的进行提供必要的准备。

（2）知识导入

在课堂上，教师可以通过讲解、示范、展示实验视频等方式对实验内容进行知识导入。教师可以结合课程内容和实际案例，引发学生的兴趣，激发他们对实验活动的探究欲望，为实践活动的顺利进行打下基础。

2.课中实践

（1）实验操作指导

在课堂实践活动中，教师应对学生进行实验操作的详细指导，包括实验器材的使用方法、操作步骤的注意事项、数据记录的方法等。通过清晰的操作指导，可以帮助学生准确地进行实验操作，提高实验的成功率和学习效果。

（2）实践探究设计

教师可以设计一些开放性的实践活动，让学生在实验过程中进行探究和发现。通过设计一些问题和任务，激发学生的思考和创新，引导他们自主探索实验现象背后的原理和规律，培养学生的实验设计能力和解决问题的能力。

3.课后总结

（1）实验结果分析

在实践活动结束后，教师可以组织学生对实验结果进行分析和讨论。学生可以就实验中观察到的现象、测量到的数据进行分析，探讨实验结果与理论知识之间的关系，加深对物理学原理的理解和应用。

（2）经验总结和反思

教师可以引导学生对实践活动过程进行经验总结和反思，包括实验中遇到的问题、解决问题的方法、实验操作的技巧等。通过总结和反思，学生可以发现实践活动中存在的不足之处，为今后的学习和实践提供改进的方向和策略。

第八章　技术手段在物理教学中的应用

第一节　多媒体技术在物理教学中的应用

一、多媒体技术的概述

（一）多媒体技术的含义

多媒体技术是一种利用计算机将文本、图像、动画等多种信息融合在一起的技术手段，旨在通过多种媒体形式向学生传递知识。从技术的角度来看，多媒体技术注重软件设计与开发，要求掌握技术与设计层面的知识。为了更好地利用多媒体技术，人们需要深入了解其中的知识点，并进行各种实践与培训工作，以提高技术的实际应用效果。

在高中物理教学中，多媒体技术的应用已经非常普遍。许多教师通过制作PPT等课件来展开教学工作，以提高物理课堂的整体效果。然而，在实际运用中，很多教师并没有充分发挥多媒体技术的潜力。当前的物理教学常常局限于将课本上的重点知识以板书形式呈现，或者让学生死记硬背理论知识，这种教学方法容易让学生感到枯燥，降低了学习兴趣。

将多媒体技术应用到物理教学中，可以将文字、图片或视频等多种形式结合起来，以生动形象的方式呈现给学生，从而激发学生的兴趣，使他们更积极地学习物理。在多媒体技术与教学相结合的过程中，不同的信息传递方式可以有效融合，帮助学生获得感官体验，提高整体教学效果。这种综合运用能够明显提高物理教学质量，使物理课堂教学更加简单轻松。

因此，多媒体技术的含义不仅在于其技术层面上的应用，更在于其对教学方式的改变和提升。通过多媒体技术，教师可以更生动地呈现知识，激发学生的学习兴趣，从而提高教学效果和学生的学习积极性。

（二）多媒体技术在高中物理教学中的优势

1. 有利于促进学生参与

利用多媒体技术进行课堂教学工作可以有效促进学生的参与度和学习兴趣。相比于初中物理，高中物理的难度更大，传统的教学模式过于单一，主要以教师的讲解和板书为主。在这种模式下，课堂互动性较弱，学生往往只是被动地接收知识，导致学生对学习缺乏积极性，认为物理学习过程乏味无趣。同时，学生容易出现学习疲劳和注意力不集中的情况，长期下去会严重影响课堂教学效果。

然而，多媒体技术的应用可以显著提升物理课堂教学水平。它能够使抽象的物理知识具体化，将原本静态的内容转变为动态呈现，丰富了物理知识的展现方式。通过多媒体技术，教师可以将课程内容以图像、视频等形式展示给学生，使学生更好地理解和接受知识。这种生动的呈现方式能够吸引学生的注意力，激发他们的学习兴趣，从而提高学生对物理学科的参与度。

2. 有利于转换理论知识

高中物理作为一门逻辑性较强的学科，其知识体系往往具有一定的抽象性和空间性，这使得传统的课本教学往往难以让学生完全掌握。然而，多媒体教学的运用则可以借助先进的三维信息处理技术，将这些抽象的内容以更加直观和形象的方式呈现出来。通过投影、动画等手段，多媒体技术能够将物理概念具象化，将学科知识以更生动、直观的方式展现给学生，从而帮助学生更好地理解和掌握。

在多媒体教学的环境下，学生可以通过视觉、听觉等感官接收信息，使得学习过程更加生动有趣，有利于学生集中注意力和积极参与。通过多媒体技术呈现的物理概念和现象，可以使学生形成感性认识，从而更深入地理解其具体含义。例如，在讲解电动势、曲线运动等抽象概念时，利用多媒体技术可以通过模拟实验、动态演示等方式使这些概念变得具体可见，帮助学生建立更为直观和深刻的理解。

因此，多媒体技术的应用有利于转换理论知识，将抽象的物理概念具体化和形象化，帮助学生更好地理解和掌握课程内容。通过生动形象的呈现方式，多媒体教学可以激发学生的学习兴趣，提高学生对物理学科的参与度，从而有效提高整体教学效果。

（二）多媒体技术应用于高中物理教学的实践

在高中物理教学过程中，学生会出现以下问题：对物理的基础知识准备不足，对物理缺乏全面地认知，抽象思维能力较差等。这些问题会导致学生在学习物理的过程中出现认知障碍，严重阻碍学生物理成绩的提高。因此，教师可以采取多媒体技术，利用动画、视频等软件将课本上晦涩难懂的知识以生动的形式体现出来，使学生可以更直观地认识物理，并更深刻地理解相关的概念与规律，实现自身物理素养的提高。

1. 多媒体技术提高学生兴趣

在物理课堂教学中，教师利用多媒体技术创造物理情景具有显著的优势，能够进一步激发学生的学习兴趣。然而，要想真正发挥多媒体技术在提高学生兴趣方面的效果，关键在于引导学生形成寻求真理的思维习惯。虽然多媒体技术能够提供丰富的感官刺激，但如果学生的学习仅仅停留在表面，没有对物理知识进行更深层次的探索，那么其效果将会受到限制。因此，教师在课堂上应该引导学生仔细观察多媒体呈现的情景，促使他们运用已有的知识对画面中的物理现象进行分析和理解。

在多媒体情境的呈现下，学生能够获得更强烈的感官刺激，从而更容易激发对物理学科的兴趣。然而，这种兴趣只有在学生愿意不断探索知识的基础上才能够持久。因此，教师在利用多媒体技术进行教学时，应该引导学生不仅仅停留在感性认知阶段，而是通过观察、分析和思考，使他们逐步深入理解和掌握所学的物理知识。

当前，教学手段虽然更加多样化，但学生对物理学科的兴趣却逐渐降低。为了改变这一现状，物理教师需要不断反思和总结自身的教学方式，充分利用多媒体技术的优势，提升教学效果。多媒体技术的背后是庞大的云端互联网体系，教师可以通过这一工具在课堂上呈现大量丰富的知识。通过提前对课程内容进行预习和精心准备，教师能够更好地满足学生的学习需求，丰富课堂内容，拓展学生的物理视野，使他们能够更全面地理解和应用所学的物理知识，从而进一步提高学生的学习兴趣和参与度。

2. 多媒体技术突破知识难点

在过去的教学实践中，物理学科常常被认为是一门难以掌握的学科，不仅教师觉得教学工作困难，学生也认为学好物理非常艰难。这种情况的主要原因之一在于，学生日常生活中往往缺乏与物理知识之间的联系，同时在抽象思维能力的建立方面也存在一定的困难。然而，高中物理教育的目标之一就是提高学生的抽象思维能力，这就要求学生能够理解和应用抽象的物理概念和原理。如果将所有的抽象知识点都通过多媒体技术进行呈现，可能会导致对学生抽象思维的培养无法得到有效提升。因此，在高中物理教学中，应该逐渐减少对多媒体技术的依赖，特别是在呈现抽象知识点时。

要想帮助学生更好地理解和应用物理知识，教师可以采取一些其他的教学策略，而不是过度依赖多媒体技术。例如，可以通过实验、模型、示意图等形式来呈现抽象的物理概念，让学生通过观察和实践来加深对知识的理解。同时，教师还可以引导学生运用数学工具来分析和解决物理问题，培养学生的逻辑思维和推理能力。此外，鼓励学生参与讨论和互动，通过思辨和探究的方式来理解和应用物理知识，也是提高学生抽象思维能力的有效途径。

3. 多媒体技术拓展课堂容量

在高中物理课程中，实验是非常关键的一环。然而，在传统的教学模式下，由于学校环境、师资水平和实验室设备等方面的限制，许多实验无法顺利进行，这就限制了学生在实验环节的学习和探究。尤其是一些具有较高危险性的实验，学生和教师往往无法进行观察和操作。在教师讲解不同物理情景时，只能通过口头描述，而在演示实验方面，由于时间和条件的限制，通常只能完成一到两次，这无法让所有学生都深入理解实验的内容，更别提实际动手操作了。然而，通过多媒体技术的运用，可以有效地克服这些问题。

利用多媒体技术，特别是利用 PPT 和视频等形式，可以将不同的物理情景生动地展示给学生。通过 PPT 展示，教师可以在课堂上呈现多种情境，使学生更直观地理解物理概念和原理。对于一些难以完成的演示实验，可以通过录制视频的方式呈现给学生，让他们更好地观察和理解实验过程。这样，即使在实验条件受限的情况下，也能够让学生全面了解实验内容，提高他们的学习效果和兴趣。

然而，在实际教学中，部分教师在利用多媒体辅助教学时，往往过于追求扩大内容容量，忽视了学生的接受能力。他们可能会在课堂上填充大量的信息，导致课堂时间过于紧凑，学生没有足够的时间消化所学知识。虽然这种大容量的多媒体教学可以提高知识传授的速度，但却无法产生长期的效果。因此，教师在利用多媒体技术进行教学时，应该更加注重内容的质量而非数量，结合学生的学习需求和接受能力，精心设计教学内容，确保学生能够真正理解和消化所学知识，从而提高教学效果。

4. 利用媒体技术优化实验操作

在物理课堂教学中，实验扮演着至关重要的角色，因为它能够通过各种感官刺激学生的学习兴趣。特别是在力学和电学等领域的实验中，利用多媒体技术展示实验动画并进行受力分析，不仅可以让相关知识点更加直观，还能够帮助学生更好地理解，提高课堂教学的效果，使学生更好地掌握相关知识。物理教学中最重要的是培养学生的实验操作能力，学生需要自主完成实验，并在有实验条件的情况下，独立完成各项操作，并利用实验原理分析各种实验现象，正确计算实验数据。例如，在波尔理论中，原子结构很难通过实验让学生直接观察到，但可以通过多媒体技术展示其不同的变化，从而提高学生对相关内容的理解程度，提高整体教学效果。

通过多媒体技术展示实验动画和示范，可以让学生在视觉上直观地感受实验过程，加深对实验原理和操作方法的理解。例如，通过展示力学实验中的力的作用过程和电学实验中的电路连接方式，学生可以更清晰地理解物理学原理。此外，多媒体技术还可以提供实验数据的模拟和演示，让学生在课堂上就能够进行数据分析和实验结果的推导，从而加强他们的实验操作能力和实践能力。

在教学过程中，教师可以根据不同的实验内容和教学目标，精心设计多媒体教学资源，如实验动画、模拟实验软件等，以提供给学生更丰富、更直观的学习体验。通过多媒体技术优化实验操作，可以激发学生的学习兴趣，提高他们的学习效果，从而达到更好的教学效果。

第二节　虚拟实验与模拟技术的应用

在高中物理教学中，实验是一项至关重要的内容，它有助于学生更好地理解物理规律，并激发学习物理知识的热情。然而，由于教学时间紧迫和资源限制等因素，传统实验教学存在一些不足。为了提高实验教学的质量以及学生的学习体验，应该注重先进技术的应用，其中包括虚拟实验和模拟技术的应用。

一、虚拟实验的准备

（一）完善硬件

1.明确计算机相关配置

在进行虚拟实验前，明确计算机的相关配置至关重要。这些配置涉及硬件性能和软件兼容性等方面，对于顺利进行虚拟实验以及保证教学效果至关重要。特别是针对高中物理实验的需求，计算机的配置应当能够支撑运行虚拟实验软件，并保证流畅的操作和快速的数据处理能力。

第一，计算机的硬件配置，至关重要。其中，CPU 处理器是计算机的核心组件之一，对于虚拟实验的运行速度和效率至关重要。因此，必须选择高性能的 CPU 处理器，例如，采用多核心、高主频的处理器可以提高计算机的整体性能。此外，内存容量也是非常重要的，足够的内存可以保证计算机在运行虚拟实验时不会出现卡顿或者运行缓慢的情况。对于虚拟实验软件的运行，显卡性能也是需要考虑的因素，尤其是在涉及图形处理或者三维模拟的实验中，需要有足够强大的显卡来支撑。此外，存储空间也是需要考虑的因素之一，足够的存储空间可以保证计算机能够存储足够多的虚拟实验数据和相关文件。

第二，对于软件兼容性也是需要重点考虑的因素。虚拟实验软件通常需要特定的操作系统支持，并且需要特定的运行环境或者依赖的软件。因此，在选择计算机硬件配置的同时，也需要考虑到虚拟实验软件的兼容性，确保计算机能够顺利运行虚拟实验软件，并且能够支持相关的操作系统和软件环境。

2.采购必要设备

除了计算机之外，进行虚拟实验还需要配备其他必要设备，例如投影仪和显示屏等。这些设备的选择和采购对于实验内容的展示和学生的学习体验至关重要。

第一，投影仪是进行虚拟实验展示的重要设备之一。在选择投影仪时，需要考虑到投影分辨率、亮度、投影距离等因素。投影分辨率决定了投影图像的清晰度和细节展示程度，亮度则影响了投影图像在不同光线条件下的可见性，投影距离则影响了投影仪的放置位置和投影图像的大小。因此，选择适合实验需求的投影仪，确保实验内容能够清晰可见，对于学生的理解和学习至关重要。

第二，显示屏也是进行虚拟实验展示的重要设备之一。显示屏的选择应考虑屏幕尺寸、分辨率和色彩表现力等因素。较大尺寸的显示屏可以提供更广阔的视野，使学生更加容易观察到实验内容，分辨率则影响了显示图像的清晰度，色彩表现力则影响了显示图像的真实性和色彩还原度。因此，在选择显示屏时，应选择适合实验展示的屏幕尺寸和分辨率，并且确保色彩表现力良好，以提供更好的视觉体验和学习效果。

第三，根据学校规模和实验需求，需要合理确定设备的数量，并且保证设备的稳定性和耐用性。投影仪和显示屏等设备在教学中频繁使用，因此需要具有良好的耐用性和稳定性，以确保长时间的使用和教学效果的持续性。

3.组建虚拟实验室

为了更好地支持虚拟实验教学，学校可以考虑专门设置虚拟实验室，这样可以更好地管理和维护实验设备和软件，提供良好的实验环境和技术支持，为教师和学生提供更好的实验教学体验。

第一，虚拟实验室需要具备良好的网络环境和电源设施。稳定的网络环境是进行虚拟实验教学的基础，可以确保实验软件的正常运行和数据传输，而充足的电源设施则可以保障实验设备的正常运行，避免因电力不足而影响实验进行。

第二，虚拟实验室应该配置一定数量和类型的计算机、投影仪、显示屏等设备，以支持实验的展示和教学需求。计算机是进行虚拟实验的核心设备，投影仪和显示屏则是用于展示实验内容，提供更好的视觉体验。合理的设备配置可以满足教学的需求，提高实验教学的效果和效率。

第三，虚拟实验室还可以配置专门的实验指导员或技术支持人员，为教师和学生提供技术支持和指导。这些专业人员可以负责实验设备和软件的维护和管理，及时解决故障和问题，为教师提供技术培训和支持，帮助教师更好地开展虚拟实验教学活动。

（二）安装软件

1.建立合作关系

为了获取适用于高中物理实验的虚拟实验软件，学校应积极与软件开发企业建立良好的合作关系。这样的合作关系可以通过多种方式来实现，以确保学校能够获取到所需的软件资源，从而支持高质量的虚拟实验教学活动。

首先，学校应选择购买正版的虚拟实验软件。购买正版软件不仅可以保证软件的合法性，还可以获得软件厂商提供的技术支持和服务，确保软件的稳定性和更新性。学校可以与软件厂商直接联系，了解他们提供的虚拟实验软件产品，并进行购买。

其次，学校可以与软件开发企业签订合作协议，以获取所需的虚拟实验软件。合作协议可以包括软件许可协议、技术支持协议等内容，确保学校能够在合法的前提下使用软件，并获得相关的技术支持和服务。通过与软件开发企业建立合作关系，学校可以获得更灵活、更优惠的软件获取方式，同时也可以建立长期稳定的合作关系，为今后的教学活动提供持续的支持和保障。

在建立合作关系的过程中，学校需要充分考虑软件的适用性、质量和价格等因素，选择与有实力、有信誉的软件开发企业合作，确保能够获得高质量的虚拟实验软件，满足教学的实际需求。同时，学校还应加强与软件开发企业的沟通和交流，及时了解软件的更新和改进情况，以确保能够始终使用最新、最优秀的虚拟实验软件资源，提升教学质量和水平。

2. 软件安装与维护

确定了使用的虚拟实验软件后，学校或教育部门需要有专人负责软件的安装和维护工作，以确保软件的正常运行和及时更新。软件的安装和配置是保障虚拟实验教学顺利进行的重要环节。首先，安装人员需要熟悉软件的安装流程和系统要求，确保软件能够在计算机系统中正确安装并运行。在安装过程中，需要注意选择合适的安装路径和相关配置选项，以充分利用计算机资源并确保软件的稳定性和性能。

除了安装工作，软件的维护也是非常重要的。维护工作包括定期检查软件的运行状态和更新情况，及时处理软件的故障和异常，保证软件的正常运行。同时，还需要定期对软件进行更新和升级，以获取最新的功能和修复已知的问题。维护人员应该具备一定的技术水平，能够熟练地处理软件的配置和故障排除工作，确保软件能够始终保持在良好的运行状态。

为了规范软件的使用和管理，学校或教育部门应建立软件使用规范和管理制度。这些规范和制度应包括软件的授权和使用范围、使用权限的分配和管理、软件更新和升级的程序、故障处理和维护的责任分工等内容。通过建立健全的管理制度，可以加强对软件的监管和管理，提高软件的使用效率和安全性，防止因软件故障导致的实验教学中断和其他问题的发生。

（三）提高技能

1. 学习理论知识

在进行虚拟实验教学之前，教师需要深入学习和掌握相关的理论知识，这对于实验教学的成功至关重要。教师可以通过多种途径来获取必要的理论支持和指导。参加专门的培训课程是获取虚拟实验技术理论知识的有效途径之一。这些培训课程通常由资深的教育专家或技术人员主持，涵盖了虚拟实验技术的原理、特点、应用以及教学方法等方面的内容，能够帮助教师全面了解虚拟实验教学的核心概念和技术要点。

除了参加培训课程，教师还可以通过阅读相关的教材、论文和专业期刊来获取理论知识。这些资料通常包括对虚拟实验技术的详细介绍、实验原理的解析以及教学实践的案例分析，能够为教师提供丰富的理论参考和实践经验，有助于教师深入理解虚拟实验教学的内涵和要求。

通过学习理论知识，教师不仅能够更好地理解虚拟实验技术的本质和优势，还能够为实验教学的设计和实施提供理论支持和指导。教师可以根据自己对虚拟实验技术的理解和掌握，灵活运用各种教学方法和手段，设计符合学生学习需求和教学目标的虚拟实验教学方案，从而提高教学效果和教学质量。

2. 熟悉软件操作

为了有效地进行虚拟实验教学，教师需要事先对所使用的虚拟实验软件进行系统的操作培训和实践练习。培训和练习可以确保教师能够熟悉软件界面和功能设置，掌握实验操作的步骤和方法，从而能够顺利地进行实验教学并有效地指导学生进行实验操作。

针对虚拟实验软件的操作培训，教师可以利用多种途径进行学习和提升。首先，可以利用教育科技平台提供的在线课程进行学习。这些在线课程通常由专业的教学团队或技术专家设计和制作，内容涵盖了虚拟实验软件的基本操作、高级功能和教学应用等方面，能够帮助教师系统地学习和掌握虚拟实验软件的操作技能。

此外，教师还可以通过自主学习资料进行学习和实践练习。这些自主学习资料可以是软件官方提供的教程、操作手册，也可以是其他教学资源网站上的教学视频、实验案例等。通过自主学习，教师可以根据自己的学习进度和需求，灵活地安排学习时间和学习内容，提升软件操作技能和应用能力。

通过系统的操作培训和实践练习，教师能够更加熟练地掌握虚拟实验软件的操作技能，从而能够在实验教学过程中熟练地使用软件进行教学设计和实验操作，为学生提供更加高效、生动的实验教学体验，促进他们对物理知识的理解和掌握。

3.指导学生学习

在课堂上，教师的角色不仅是传授知识，还应该引导学生学习虚拟实验软件的使用方法，并帮助他们熟悉实验操作流程和数据处理技巧。为了实现这一目标，教师可以采用多种教学方法和策略，以培养学生的实验技能和科学素养，提高他们对虚拟实验的理解和应用能力。

首先，教师可以通过演示操作的方式向学生展示虚拟实验软件的使用方法。教师可以选择一个代表性的实验案例，逐步演示实验的操作步骤，让学生了解软件界面的布局、功能按钮的作用以及操作流程的顺序。通过实际操作的演示，学生可以直观地了解虚拟实验软件的使用方法，为他们后续的实践操作奠定基础。

其次，教师可以进行示范实验，让学生在教师的指导下亲自操作虚拟实验软件。在示范实验过程中，教师可以逐步引导学生完成实验操作，指导他们正确使用软件进行数据采集、处理和分析，并解释实验现象和结果的科学原理。通过示范实验，学生可以亲身体验实验操作的过程，加深对实验内容和虚拟实验软件的理解。

最后，教师应鼓励学生进行实践操作，让他们自主地进行虚拟实验并探索解决问题的方法。教师可以设计一些任务或实验案例，让学生在指导下自行完成实验操作，并通过实验结果进行数据分析和结论推断。在学生实践操作的过程中，教师可以及时给予指导和反馈，帮助他们解决实验中遇到的问题，提高实验技能和科学素养。

二、虚拟实验的原则

虚拟实验时，为获得理想的教学效果，应结合虚拟实验的特点以及实验内容，把握相关的原则。

（一）合理规划

1.明确实验目标

在进行虚拟实验教学之前，教师需要明确实验的教学目标，这对于确保实验内容与课程要求相契合、有效引导学生的学习方向、提高实验的教学效果至关重要。明确的实验目标有助于教师更好地规划教学内容和组织教学活动，同时也能够让学生清晰地了解实验的意义和目的，从而更加专注地参与到实验中来。

第一，明确的实验目标有助于指导教学内容的选择和设计。教师可以根据教学大纲和学科标准，确定每个实验的核心内容和要点，确保实验内容与课程要求紧密相关。通过明确实验目标，教师可以有针对性地选择适合的实验案例和教学材料，以达到预期的教学效果。

第二，明确的实验目标有助于引导学生的学习方向。在课前，教师可以向学生明确表达实验的预期目标和学习目的，让学生了解到实验的意义和重要性，激发他们的学习兴趣和积极性。在实验过程中，教师可以不断强调实验的目标和要求，引导学生将注意力集中在实验的关键环节和重点内容上，从而更加有效地完成实验任务。

第三，明确的实验目标有助于评估实验的教学效果。通过明确实验目标，教师可以建立科学的评价体系，对学生的实验操作、数据分析和结论推断进行全面的评估。同时，教师还可以根据实验目标和学生的实际表现，及时调整教学策略和方法，进一步提高实验的教学效果和学生的学习成效。

2. 考虑实验形式

在进行虚拟实验教学时，选择合适的实验形式至关重要，这有助于更好地满足学生的学习需求，提供个性化的教学服务，以及促进实验教学的有效展开。

第一，个人实验是一种常见的实验形式，适用于那些喜欢独立思考和自主学习的学生。在个人实验中，每位学生都有机会独立完成实验操作、数据记录和结果分析，从而培养学生独立思考和解决问题的能力。此外，个人实验还可以更好地促进学生对实验内容的深入理解，因为他们需要亲自动手操作并面对实验中的挑战和困难。

第二，小组实验是另一种常见的实验形式，适用于那些喜欢合作学习和团队合作的学生。在小组实验中，学生们可以相互讨论、协作完成实验任务，共同解决实验中遇到的问题，并分享彼此的想法和经验。通过小组实验，学生可以培养团队合作和沟通能力，提高解决问题的效率，并且从不同的角度来理解和分析实验结果。

第三，全班实验则是一种集体参与的实验形式，适用于那些需要集体协作完成的大型实验项目。在全班实验中，整个班级将共同参与到实验过程中，每个学生可以承担不同的角色和任务，共同完成实验设计、数据收集和结果分析。通过全班实验，学生可以感受到团队合作的重要性，培养责任心和合作精神，同时也能够加深对实验内容的理解和记忆。

3.规划实验时间

在进行虚拟实验教学时，合理规划实验时间是确保课堂教学高效进行的重要环节。根据实验内容的难易程度、学生的学习进度以及课堂时间的安排等因素进行综合考虑和合理安排。

第一，教师需要对实验内容进行全面的评估，了解实验的难易程度和所需时间。一些简单的实验可能只需要短暂的时间就能完成，而复杂的实验则可能需要较长的时间进行准备和操作。因此，教师应对每个实验的时间需求有清晰的认识，以便合理安排课堂时间。

第二，教师需要考虑到学生的学习进度和实验操作的熟练程度。对于一些已经熟悉实验操作流程的学生来说，可能需要较少的时间来完成实验；而对于一些操作相对陌生的学生，则可能需要更多的时间来进行实验操作和数据记录。因此，教师应根据学生的实际情况，对实验时间进行合理的预估和调整。

第三，教师还需要兼顾其他课堂内容的教学安排。虽然实验教学是课堂教学的重要组成部分，但也不能将全部课堂时间都用于实验，而忽略了其他知识点的讲解和学习。因此，在规划实验时间时，教师需要合理安排实验和其他课堂内容的时间分配，确保课堂教学的全面进行。

（二）认真跟踪

1.布置实验任务

在进行虚拟实验教学时，教师应认真布置实验任务，明确学生需要完成的内容和要求。通过清晰的实验任务安排，可以帮助学生明确实验的目的和意义，提高实验的完成度和效果。

2.跟踪学生进展

教师应密切关注学生在虚拟实验中的学习情况，及时了解学生的实验进展和遇到的问题。通过与学生的沟通和交流，及时解决学生在实验过程中的困惑，确保实验教学的顺利进行。

3. 及时反馈指导

针对学生在虚拟实验中出现的问题和困难，教师应及时给予反馈和指导，帮助学生解决实验中遇到的难题，提高实验的完成质量和效果。通过及时反馈指导，可以有效激发学生的学习兴趣，增强他们的实验自信心。

（三）注重优化

1. 持续学习提升

教师应树立持续学习的心态，不断学习和掌握新的虚拟实验技术和教学方法，不断提高自己的教学水平和实践能力。通过持续学习提升，可以不断优化虚拟实验教学的内容和方式，提高教学效果和学生的学习体验。

2. 借鉴他人经验

教师可以通过与同行交流和合作，借鉴他人的虚拟实验教学经验和教学资源，吸收他人的优点和经验，为自己的教学工作提供借鉴和参考。通过借鉴他人经验，可以更好地优化虚拟实验教学的内容和方式，提高教学效果和学生的学习体验。

3. 持续改进完善

教师应不断对虚拟实验教学进行评估和改进，发现问题和不足，并采取有效措施加以改进和完善。通过持续改进和完善，可以不断提高虚拟实验教学的质量和效果，为学生提供更好的教学服务和学习体验。

三、虚拟实验的用途

为获得事半功倍的效果，应注重虚拟实验的用途及应用时机，确保在实际的操作中少走弯路。

（一）用于激发兴趣

在课堂教学中，激发学生的学习兴趣是至关重要的，尤其是在新授知识阶段。虚拟实验作为一种先进的教学手段，具有直观、形象的特点，能够生动地展示物理规律，增加学生的学习趣味，降低知识的理解难度，从而调动学生学习的积极性。通过虚拟实验软件，教师可以为学生展示相关的物理实验，要求学生认真观察实验过程和实验现象，并围绕实验设计相关的问题，引导学生思考，为新知识的引入做铺垫。这种教学方式不仅能够加深学生对知识的印象，激活物理课堂，还能够让新知识的学习更加顺理成章。

以牛顿第一定律为例，通过虚拟实验软件演示小球沿斜面下滑运动的过程，可以将斜面的摩擦参数设置为零，使得小球在运动中不受到空气阻力、斜面摩擦力等的作用。学生可以清晰地观察到小球从斜面下滑后，在水平面上做匀速直线运动，而且不会停止。当学生产生疑惑时，教师可以自然地引出牛顿第一定律的内容，让学生认识到力是改变物体运动的原因，物体在运动时并不需要力来维持。通过这种方式，教师可以创造认知冲突，促使学生深刻理解牛顿第一定律，从而激发学生对物理学习的兴趣，提高学习的效率。

（二）用于突破难点

在高中物理学习中，一些抽象的知识往往是学生学习的难点，需要通过深入理解才能掌握。虚拟实验作为一种先进的教学手段，能够将抽象的物理知识转化为具象的实验情境，帮助学生有效地突破难点，准确把握物理知识的本质，从而增强学生学习物理的信心。以"万有引力定律"为例，这是高中物理的重点知识之一，涉及航天器的变轨问题。然而，部分学生对于航天器在不同轨道上运行参数的变化理解不够充分，导致在解答相关习题时容易出错。

为了帮助学生突破这一学习难点，可以利用虚拟实验软件为学生设计相关的实验，模拟航天器在不同轨道运行时的情境。在虚拟实验中，可以通过模拟航天器的运行轨迹，实时显示航天器运行的相关参数，如运行线速度、角速度、向心加速度、机械能等。通过这种方式，学生可以直观地观察航天器在不同轨道上的运行情况，加深对于万有引力定律及其应用的理解。同时，这种虚拟实验的设计也增强了学习的趣味性，澄清了学生的认知，使他们更加自信地应对物理学习中的挑战。

（三）用于分析错因

虚拟实验在高中物理教学中的应用不仅可以减少实验器材准备的时间，还能够帮助学生更加有效地进行实验操作并思考问题。其中一个重要的作用是及时显示学生在实验中的错误操作，从而帮助他们分析错误原因并及时纠正，从而提升物理实验水平。以电学实验中电表的改装为例，这是一项涉及较多知识点的重要实验内容，但也是学生容易出错的地方之一。一些学生可能对改装原理、器材选取、误差分析等方面掌握不够牢固，在实际操作中容易出现失误，导致失分率较高。

为了帮助学生更好地掌握电表改装的实验内容，并避免实际操作中出现损坏实验器材的情况，可以引导学生使用虚拟实验软件进行相关的实验操作。通过虚拟实验软件，学生可以模拟将电表表头改装成电流表、电压表、多用表等不同形式，从而深入理解改装原理，并掌握相关的实验技巧。在课堂上，还可以留出一定的时间，鼓励学生认真反思和讨论，发现错误的原因，并总结实验器材选择的技巧。

经过不断地出错和纠错，学生能够更加深刻地理解电表改装的原理，提高对实验内容的理解和掌握程度。实践表明，借助虚拟实验，不仅能够确保电学实验的安全性，还能够有效地锻炼学生的实验能力，有助于他们更加牢固地掌握实验知识，为物理学习提供更好的支持和帮助。

（四）用于拓展延伸

高中物理课程的标准强调了提高学生的创造能力和实验能力，因此，物理实验教学应该注重对实验内容的拓展，夯实学生所学知识的同时，培养学生良好的实验习惯，并拓展他们的视野，锻炼思维的灵活性。在这一过程中，虚拟实验技术可以发挥更好的作用，促进实验内容的拓展和联结。

例如，在教学"变压器"知识时，可以为学生设计相关的虚拟实验任务。通过给定发电站、输电损耗以及用户用电的相关参数，要求学生利用虚拟实验软件，设计和安装合适参数的变压器，完成从发电站到用户的输电工作。这样的拓展实验不仅能让学生更深入地理解电能输送的相关环节和变压器的工作原理，还可以培养学生的创造力和实验能力。

在虚拟实验的过程中，学生需要认真计算发电站的发电功率、电能损耗功率以及用户用电功率等参数，然后根据这些参数来确定升压和降压的参数，并最终通过思考来正确选择相关的变压器，以顺利完成虚拟实验。通过这样的实践，学生不仅能够在虚拟实验中应用所学知识，还能够培养解决问题的能力和实验设计的技能。

综上所述，虚拟实验技术在物理教学中的应用不仅可以帮助学生更好地理解知识，还可以促进他们的创造力和实验能力的培养。通过设计和完成虚拟实验，学生可以更好地应用所学知识，拓宽视野，提升学习的深度和广度，为未来的学习和发展奠定坚实的基础。

第三节 移动设备与在线资源的利用

一、移动设备在高中物理教学中的应用

（一）移动设备的普及与便利性

1. 移动设备普及的背景

随着科技的不断发展和智能手机、平板电脑等移动设备的不断普及，它们在高中物理教学中扮演了越来越重要的角色。学生几乎都拥有自己的移动设备，这为教学提供了更为广阔的应用前景。

2. 便携性和操作简便性

移动设备具有便携性强的特点，学生可以随身携带，随时随地进行学习。此外，这些设备的操作界面设计通常较为简单直观，学生上手容易，无须复杂的培训即可灵活应用。

3. 多功能性的优势

移动设备不仅可以用于查阅教材、笔记和作业，还可以作为多媒体播放器，播放与物理相关的视频、动画等。同时，许多应用程序也为学生提供了丰富的学习资源和交互式学习体验，如虚拟实验应用、物理学习游戏等，大大提高了学习的趣味性和效率。

（二）移动设备的教学应用场景

1. 虚拟实验演示

教师可以利用平板电脑等移动设备进行虚拟实验演示，通过应用软件展示物理现象和规律，让学生通过观看模拟实验过程来理解物理概念。

3. 个性化学习应用

学生可以利用智能手机上的物理学习应用程序，根据自身学习进度和兴趣选择合适的学习资源，进行个性化学习。这些应用程序通常提供了丰富的知识点解释、练习题和模拟考试等功能，帮助学生巩固和拓展课堂所学内容。

3. 课堂互动与作业提交

移动设备也可用于课堂互动和作业提交。教师可以通过移动设备组织学生进行小组讨论、课堂投票等活动，促进学生之间的合作与交流；学生可以利用移动设备完成课后作业，并通过应用程序将作业直接提交给教师，提高了作业的便捷性和效率。

（三）移动设备的教学挑战与应对策略

1. 滥用和分心现象

学生存在课堂上滥用移动设备的情况，例如玩游戏、聊天等，影响到学习秩序。针对这一挑战，教师可以制定明确的课堂管理规定，明确规定何时可以使用移动设备，并建立相关奖惩机制。

2. 技术能力不足

有些学生可能对移动设备的操作和应用能力有限，导致无法充分利用移动设备进行学习。为了解决这一问题，教师可以组织针对性的移动设备操作培训，提高学生的技术能力和应用水平。

3. 设备安全和数据隐私

移动设备的使用也涉及设备安全和个人数据隐私等问题。教师应引导学生妥善保管个人设备，注意个人隐私保护，避免造成信息泄露和不必要的麻烦。同时，学校也应加强对移动设备的管理和监管，确保学生在学习过程中的设备安全。

二、在线资源在高中物理教学中的应用

（一）在线资源的丰富性与便捷性

1. 教学视频

在线教学视频在高中物理教学中具有不可替代的作用。它们作为一种多媒体教学资源，为学生提供了丰富的视听体验，极大地丰富了课堂教学的形式和内容。首先，这些视频覆盖了广泛的物理知识领域，从基础概念到高级应用，涵盖了物理学习的方方面面。通过这些视频，学生可以在课堂上直观地了解物理实验的操作步骤和结果，加深对物理学理论知识的理解。其次，这些视频的形式多样，既有由专业教师讲解的教学视频，又有实验过程的录制视频和动画演示，可以满足不同学生的学习需求和学习风格。有些学生更喜欢通过听讲解

来学习，而有些学生则更喜欢通过观察实验过程来理解物理原理。在线教学视频的多样性可以满足不同学生的学习偏好，提高教学的针对性和有效性。此外，这些视频还具有随时随地获取的便利性，学生可以在课堂内外通过移动设备或电脑随时观看，提高了学习的灵活性和便捷性。

2. 电子书籍

在高中物理教学中，电子书籍作为一种重要的学习资源，发挥着重要的作用。这些电子书籍以其丰富多样的内容覆盖了高中物理学习的各个章节和知识点，为学生提供了广阔的学习空间和资源。首先，学生可以通过在线平台获取这些电子书籍，实现随时随地的学习。无论是在家中、学校还是其他地方，只要有网络连接，学生就可以轻松地访问电子书籍，进行课前预习、课堂辅助和课后复习。这种便利的获取方式大大提高了学生的学习效率和学习积极性。其次，电子书籍具有检索方便的特点。学生可以通过关键词搜索或目录导航快速定位到所需的内容，节省了查找信息的时间，提高了学习的效率。与传统的纸质书籍相比，电子书籍还具有内容更新及时的优势。随着物理学知识的不断发展和更新，电子书籍可以及时更新内容，保持与最新知识的同步，为学生提供最新的学习资料和信息。

3. 网络课程

在线网络课程在高中物理教学中扮演着重要的角色，它们为学生提供了丰富多样的学习资源和学习方式。首先，这些网络课程结合了视频讲解、在线测试、作业布置等多种功能，为学生提供了多样化的学习体验。通过视频讲解，学生可以直观地观看老师讲解物理知识和解析问题，加深对知识点的理解；在线测试则可以帮助学生检测自己的学习水平，及时发现和弥补知识漏洞；作业布置则可以帮助学生巩固所学知识，提高学习效果。其次，这些网络课程的内容覆盖了高中物理的各个知识领域，从基础知识到高阶概念，涵盖了全面的学习内容。学生可以根据自己的学习需求和兴趣选择合适的课程进行学习，有针对性地提高自己的学习水平。另外，这些网络课程通常由资深的物理教师或专业团队制作，教学内容丰富、科学性强，有助于学生系统地学习和掌握物理知识。

（二）在线资源的教学应用场景

1. 课堂教学

在高中物理课堂教学中，利用在线教学视频和网络课程作为辅助资源具有重要意义。教师可以根据教学内容和学生需求，巧妙地融入这些资源，提升课堂教学的效果和质量。首先，通过选择合适的教学视频进行播放，可以让学生直观地感受物理现象和实验过程。例如，当教师讲解万有引力定律时，可以通过播放相关的视频，让学生观察地球绕太阳运行的轨迹，从而更直观地理解引力的作用原理。这样的实例展示不仅可以增强学生对物理概念的理解，还能激发他们的学习兴趣，提高课堂的生动性和趣味性。其次，网络课程作为课堂教学的辅助资源，可以帮助教师更好地进行知识讲解和拓展。教师可以选择与当前教学内容相关的网络课程，让学生在课前进行预习或在课后进行复习。这样一来，学生可以通过自主学习的方式更深入地理解和掌握知识，而教师则可以更加灵活地安排课堂时间，更多地进行知识拓展和实践应用。

2. 实验教学

实验教学在高中物理课程中扮演着至关重要的角色，而在线模拟实验平台的出现为实验教学带来了全新的可能性和机遇。这些平台通过虚拟环境，为学生提供了模拟实验操作和数据分析的机会，极大地丰富了实验教学的形式和内容。

第一，在线模拟实验平台能够弥补传统实验中的一些不足。在传统实验中，受设备、时间和安全等方面的限制，学生往往无法亲自进行所有实验操作，甚至有时候可能无法观察到某些特殊现象。而通过在线模拟实验平台，学生可以在虚拟环境中自由地进行各种实验操作，包括调整实验参数、观察实验现象、收集实验数据等，从而获得更加丰富和全面的实验体验。

第二，在线模拟实验平台还能够提供更加安全和环保的实验环境。在传统实验中，一些涉及较高风险的实验操作可能存在安全隐患，甚至可能导致意外发生。而通过在线模拟实验平台，学生可以在虚拟环境中进行实验操作，无须担心安全问题，大大降低了实验过程中的风险。同时，由于实验过程全部在虚拟环境中进行，也减少了对实验器材和资源的消耗，有利于节约成本和保护环境。最重要的是，在线模拟实验平台能够帮助学生更深入地理解物理原理和实验方法。

通过在虚拟环境中进行实验操作，学生可以直观地观察到实验现象，分析实验数据，探究物理规律，从而加深对物理知识的理解和掌握。与传统实验相比，这种在虚拟环境中进行的实验操作更加直观和生动，有助于激发学生的学习兴趣和探究精神。因此，可以说，在线模拟实验平台为高中物理实验教学注入了新的活力，为学生提供了更加丰富、安全和高效的学习体验。

3. 个性化学习

个性化学习是指根据学生个体的学习需求、兴趣、能力和学习风格，为其量身定制学习计划和资源，从而实现更加有效和个性化的学习过程。在高中物理教学中，利用在线资源进行个性化学习具有重要意义。

第一，个性化学习充分考虑了学生的学习需求和兴趣。通过提供丰富多样的网络课程和学习资源，学生可以根据自己的兴趣选择感兴趣的课程内容进行学习，从而激发学习的动机和兴趣，提高学习的积极性和主动性。

第二，个性化学习有利于提高学生的学习效果。由于学生可以根据自己的学习进度和能力选择学习内容和学习方式，因此能够更好地适应个体差异，提高学习效率和质量。例如，一些学生可能对某些物理知识点已经掌握得很好，可以选择跳过相关内容，而将更多时间投入到自己感兴趣或者需要加强的领域，从而实现更加有针对性的学习。

第三，个性化学习还可以帮助学生培养自主学习的能力和习惯。在选择学习资源、安排学习时间、制定学习计划等方面，学生需要充分发挥主观能动性，培养自我管理和自我调节的能力，从而提高学习的自主性和自律性。因此，可以说，个性化学习是一种符合现代教育理念的教学模式，能够更好地满足学生个体差异，提高学习效果，促进学生全面发展。在高中物理教学中，充分利用在线资源进行个性化学习，有助于激发学生的学习热情，提高学习的质量和效率，培养学生的自主学习能力，为他们未来的学习和发展打下良好的基础。

（三）在线资源的教学挑战与应对策略

1. 网络环境不稳定

网络环境的稳定性对于学生能否顺利地获取在线资源至关重要。然而，部分学校或地区的网络环境可能存在不稳定的情况，这会给学生的学习带来诸多困扰和挑战。面对这一问题，学校可以采取一系列措施来改善网络环境，确保学生能够顺利地获取在线资源。

第一，学校可以加强校园网络建设，提升网络设备和基础设施的水平。这包括增加网络服务器和路由器的数量，提高网络带宽和速度，以应对大量学生同时在线学习的需求。通过对网络设备的升级和优化，可以提高网络的稳定性和可靠性，减少网络故障和延迟，从而确保学生能够流畅地访问在线资源。

第二，学校可以采取有效的网络管理措施，确保网络资源的合理分配和利用。通过对网络流量进行监测和管理，合理分配带宽资源，避免因网络拥堵导致的访问困难和速度缓慢。此外，可以设置网络访问权限和限制，防止非学习目的的网络使用，从而优化网络环境，提高学生在线学习的效率。

第三，学校还可以加强对网络设备的定期维护和检修，及时发现和解决网络故障。通过定期检查网络设备的运行状态，及时更新软件和固件，清理网络垃圾和优化网络配置，可以有效提升网络的稳定性和性能，保障学生的在线学习顺利进行。

第四，学校可以开展网络故障排查和问题解决的培训，提高教职员工对网络故障的应急处理能力。通过开展网络故障排查和应急处理培训课程，提高教职员工的网络技术水平和应对能力，使他们能够及时发现和解决网络问题，保障学生的在线学习顺利进行。

2. 学生学习自律性差

面对学生学习自律性差的问题，教师可以采取一系列措施来引导学生培养自律性和自主能力，从而更有效地利用在线资源进行学习。

第一，教师可以在课堂上针对学生的学习自律性问题进行指导和讨论。通过课堂讨论和案例分析，教师可以向学生传达学习自律性的重要性，引导他们意识到自律学习对于提高学习效果和成绩的重要性。同时，教师还可以与学生共同制定学习计划和目标，明确学习任务和时间安排，帮助学生建立自律的学习习惯和规划能力。

第二，教师可以通过个别辅导和学习指导来帮助那些学习自律性较差的学生。通过与学生进行一对一的交流和沟通，教师可以了解学生的学习情况和困难，针对性地提供学习建议和指导。教师可以根据学生的个性特点和学习需求，给予他们适当的学习方法和技巧，帮助他们建立有效的学习计划和自律学习的意识。

第三，教师还可以借助家长和同学的支持来促进学生学习自律性的培养。通过与家长和同学进行沟通和合作，教师可以让他们了解学生的学习情况和困难，共同制定有效的学习计划和辅导措施。同时，家长和同学的关心和支持也可以激励学生保持学习的积极性和自律性，进而更好地利用在线资源进行学习。

第四，教师还可以通过激励和奖励机制来引导学生培养学习自律性。通过制定奖励制度和学习达标标准，教师可以激发学生的学习动力和积极性，鼓励他们主动参与学习并保持学习的自律性。同时，教师还可以定期对学生的学习情况进行评估和反馈，及时给予肯定和鼓励，帮助他们建立起自信心和学习自觉性。

3. 在线资源质量不一

面对在线资源质量参差不齐的问题，教师在指导学生利用这些资源进行学习时，可以采取一系列措施来确保学生获取到的信息准确可靠。

第一，教师可以事先对在线资源进行筛选和审核，从中挑选质量较高、内容较准确的学习资料，并向学生推荐这些资源。通过教师的专业判断和审核，学生可以更加信任所获取的信息，避免受到不准确或低质量内容的影响。

第二，教师可以引导学生学习如何评估在线资源的质量和可靠性。通过教学活动或案例分析，教师可以向学生介绍如何辨别信息的来源、作者的权威性、内容的客观性等，帮助他们判断在线资源的真实性和可信度，提高他们的判断能力和批判性思维能力。

第三，教师还可以鼓励学生多参考多对比，利用多个不同来源的在线资源进行交叉验证。通过比较和对照不同来源的信息，学生可以更加全面地了解所学内容，减少因为单一来源导致的误解或偏差，提高信息的可靠性和权威性。

第四，教师还可以组织学生开展相关的研究性学习活动，让他们通过查找、整理和分析多种在线资源，探索和发现知识的真相和规律。通过主动参与学习和独立思考，学生可以培养自己的信息辨别能力和学习独立性，提高他们对在线资源质量的敏感度和判断力。

第五，教师可以建立一个开放的学习环境，鼓励学生分享和讨论自己在学习过程中发现的优质资源和经验。通过学生之间的互相交流和互动，可以促进资源的共享和学习经验的传递，进一步提高在线资源的质量和学习效果。

参考文献

[1] 乔栩.新课标理念下高中物理教学改革创新研究.中外交流,2020,(13):278.

[2] 刘先锋.新课标背景下高中物理教学的有效开展策略.中国科技经济新闻数据库教育,2022,(8):39-41.

[3] 钟丽梅.新课标下高中物理实验教学改革的思考分析.中文科技期刊数据库(引文版)教育科学,2021,(4):83.

[4] 张琦,张勇.浅析高中物理教学中的探究性学习模式的应用[J].广西物理,2022,43(04):191-194.

[5] 孙越,付鹂娟,相新蕾.以能量观念为引领性学习主题的高中物理"电能能量守恒定律"单元教学设计[J].物理教师,2022,43(07):17-22.

[6] 王洪彬,贾洪声.高中物理实验教学知识结构模型的建构及教学优化策略[J].学园,2023,16(36):19-21.

[7] 边昕.仿真物理实验室在高中物理疑难问题教学中的应用[J].数理天地(高中版),2023(22):69-71.

[8] 王威.核心素养导向下高中物理探究性实验教学策略研究[J].中学物理,2023,41(21):29-32.

[9] 周洪欣.基于真实情境的高中物理实验教学模式设计与实施[J].数理天地(高中版),2023(20):66-68

[10] 李军.现代信息技术与新课程普通高中物理课堂教学的有机融合[J].高考,2021,141-142.

[11] 赵军年.浅谈核心素养背景下的高中物理信息化教学[J].学周刊,2021,65-66.

[12] 顾小亮.浅析情景教学法应用于高中物理教学中的有效途径[J].数理化解题研究,2020,17(36):45-46.

[13] 赵琦，梁佳贝，刘璇，等.基于多媒体技术的高中物理支架式教学探讨[J].科教导刊（中旬刊），2020（35）：170-171.

[14] 杨建水.基于网络环境的高中物理教学模式的研究和实践 [J].中学生数理化（教与学），2020（12）：21.

[15] 于敏，李俊芝.高中物理教学中多媒体技术的应用 [J].新课程教学：（电子版），2021（23）：153-154.

[16] 王剑.核心素养理念下高中物理教育信息化应用研究 [J].中国现代教育装备，2022（02）：48-50.